Francesco Giomignani

La sovranità temporale dei romani Pontefici:

propugnta nella sua integrità dal suffragio dell'orbe cattolico regnante Pio IX.

l'anno XIV

Francesco Giomignani

La sovranità temporale dei romani Pontefici:
propugnta nella sua integrità dal suffragio dell'orbe cattolico regnante Pio IX.
l'anno XIV

ISBN/EAN: 9783742832603

Manufactured in Europe, USA, Canada, Australia, Japa

Cover: Foto ©Thomas Meinert / pixelio.de

Manufactured and distributed by brebook publishing software
(www.brebook.com)

Francesco Giomignani

La sovranità temporale dei romani Pontefici:

LA

SOVRANITÀ TEMPORALE

DEI ROMANI PONTEFICI

AGGIUNTA ALL'APPENDICE GENERALE

CHE SI TROVA

NEL VOLUME I. DELLA PARTE VI.

CUM PRO ECCLESIIS OMNIBUS ROMANA LABORET ECCLESIA,
QUISQUIS EI SUA AUFERT NON IPSI SOLI, SED ECCLESIIS
OMNIBUS SACRILEGII REUS ESSE COGNOSCITUR.

Paschal. II. Epist. S. Ant. lib. II. ep. 53.

LA
SOVRANITÀ TEMPORALE

DEI ROMANI PONTEFICI 7

PROPUGNATA

NELLA SUA INTEGRITÀ

DAL SUFFRAGIO DELL'ORBE CATTOLICO

REGNANTE PIO IX. L'ANNO XIV.

AGGIUNTA ALL'APPENDICE GENERALE

CHE SI TROVA

NEL VOLUME I. DELLA PARTE VI.

L'EPISCOPATO

ROMA
COI TIPI DELLA CIVILTÀ CATTOLICA
1862.

AVVERTENZA

Nell'Avvertenza premessa al Volume Primo della Sesta Parte, col quale chiuderasi la stampa dei Documenti, comprovanti l'unanime suffragio dell'Episcopato, in favore della Sovranità temporale dei Romani Pontefici; in quell'Avvertenza, diciamo, esponevammo la necessità in che ci saremmo forse trovati di fare un'Aggiunta ai sei Volumi già editi, affine di pubblicare quegli altri Documenti, che ci sarebbero probabilmente pervenuti più tardi, quante volte il numero loro ci consentisse di poterlo convenientemente effettuare. Quest'Aggiunta esce oggi alla luce, essendosi avverata appuntino la nostra previsione. Essa contiene principalmente gli Atti di quei Vescovi, dei quali niuna menzione si trovava nei precedenti Volumi, e compie così quella pienezza di aderenza al Sommo Pontefice, che sarà, siccome la forza più grande della santa Sede, così la gloria più bella dell'Episcopato cattolico della nostra età.

Vedesi in effetto come di quel solo centinaio di Vescovi, dei quali nei Volumi precedenti nulla s'era potuto stampare, perchè nulla ci era ancora pervenuto alle mani, e che solo mancava a compiere l'unanime voto dei mille Prelati, che con potestà ordinaria governano ora il gregge di Gesù Cristo, l'assenza non era dovuta a contrarietà di sentimenti, ma o a smarrimento dei loro Atti, o all'enorme distanza delle loro dimore. Non appena in effetto giunse a loro notizia che si stampava la Raccolta di tutti gli Atti episcopali, concernenti la Sovranità temporale dei Papi, ed essi si sono affrettati a far giungere, quali direttamente al Romano Pontefice, quali più speditamente agli Editori della Raccolta, la più compiuta testimonianza dei loro sentimenti, colle vive istanze che i nomi loro fossero aggiunti a quelli degli altri Vescori loro confratelli.

Siamo convinti, che se avessimo aspettato ancora altro tempo, nessuno forse dei Vescovi sarebbe desiderato in questa Raccolta. Ma abbiam preferito di compiere la stampa di questa Aggiunta pel dì che i Vescovi si troveranno riuniti intorno al Sommo Pontefice, in uno dei più solenni ed augusti atti del Pontificato, la Canonizzazione solenne. Così avranno essi la consolazione di leggere coi proprii occhi, e diremo quasi di toccar colle proprie mani che, se le condizioni sì tristi dei tempi non permisero che solo a una parte dei Prelati cattolici ♣ circondare delle loro persone il commun Padre dei Fedeli, il Vicario di Gesù Cristo in terra; esse per lo contrario accesero vie più caldamente che innanzi tutti i loro Confratelli a circondarlo del loro affetto e della loro riverenza filiale, dandone ogni sorta di sincera e manifesta testimonianza.

Unitamente ai Documenti di Vescovi prima non mentovati, si trovano alcuni pochi spettanti agli altri dei quali già erasi fatta menzione. Ma questi secondi, se appartengono alle stesse persone, non appartengono allo stesso genere di Documenti che s'era innanzi inserito nella Raccolta. Conciossiachè se prima c'erano lettere soltanto indirizzate al Santo Padre, ora s'è posta una Pastorale diretta alla Diocesi; e se prima v'era la sola Pastorale ora s'è posta la lettera. Così è stato da noi compiuto, quando e come abbiam potuto, verso di loro, ciò che verso la massima parte dei Vescovi avevamo costantemente osservato.

Due Atti soltanto escono da queste norme, i quali siccome per l'importanza loro non potevano da noi omettersi, così qui richiedono una speciale menzione. Il primo si è un Indirizzo di sessantatrè tra Arcivescovi e Vescovi del Regno di Napoli, presentato al Santo Padre per protestarsi contro tutte le usurpazioni e le iniquità, macchinate o già consummate contro i diritti della Chiesa dal nuovo Governo, che ha occupato e ora malmena quelle già sì floride, e sì religiose province. L'altro contiene un somigliantissimo Indirizzo dei Vescovi dell'Umbria, per denunziare al Santo Padre i loro sensi di profonda venerazione alla sua somma autorità, contro una Circolare che il così detto Ministero dei Culti diresse ai Vescovi d'Italia il dì 26 Ottobre 1861. Questi due Indirizzi soltanto bastano a far conoscere in qual modo i Vescovi d'Italia comprendano e compiano il loro dovere, e porgano edificante esempio al mondo cattolico della fermezza sacerdotale contro i persecutori della Chiesa.

L'ordine di collocamento in quest'Aggiunta dovea essere ed è diverso dal tenuto nei Volumi precedenti. Le Diocesi di ciascuna parte del mondo le abbiamo riunite insieme, e collocate l'una dopo l'altra per alfabeto. Ciò è più semplice per una Aggiunta, e non toglie nulla alla chiarezza ed alla distinzione.

AVERSA NEL REGNO DI NAPOLI

(Diocesi immed. soggetta alla S. Sede)

IL VESCOVO DI AVERSA

AL SOVRANO PONTEFICE

SANTISSIMO PADRE,

Nei gravissimi tempi che corrono, non può l'animo mio non restare profondamente afflitto per le angustie, nelle quali la Santità Vostra disgraziatamente si trova, e nelle quali è ravvolto l' Episcopato.

La mia povera persona per non abbandonare i principii di giustizia è ridotta in una casa religiosa fuori la Diocesi, nè a costo di qualunque patimento perderà di vista la sua stella polare che è la Santità Vostra.

Ciò però, che tra tante amarezze mi conforta l'animo, è il ripensare, che la Santità Vostra, a somiglianza del divin Fondatore, è ormai passata per ogni specie di tentazioni o di prove; e che a somiglianza di lui riuscirà vincitrice di tuttociò, che contro dell'augusta sua Persona si è fatto. I suoi passati trionfi sono un pegno sicuro, certo, infallibile de' suoi trionfi futuri. Polchè la Santità Vostra non deve queste vittorie e questi trionfi a circostanze accidentali, mutabili di tempi e di luoghi, che possono venir meno; ma alla potenza divina, che mai non manca.

4   APPENDICE GENERALE SECONDA.

Degnisi la Santità Vostra accogliere i gemiti del mio cuore, le lacrime confidenti dell'ultimo de' suoi figli, che prostrato ai piedi di Vostra Santità, implora la Pontificale Benedizione.

Di Vostra Santità,

Napoli, 13 Novembre 1860.

l'umilissimo, ossequiosissimo, devotissimo Suddito

✠ Domenico Zelo, *Vescovo di Aversa*

CLOGHER NELL'IRLANDA

———†———

IL VESCOVO

COL CLERO E COL POPOLO DI CLOGHER

AL SOVRANO PONTEFICE

MOST HOLY FATHER,

We the Bishop, Clergy, and Laity of the Diocess of Clogher, in Ireland, dutiful and most devoted children of your Holiness, prostrating ourselves at your feet, and kissing them with the most affectionate veneration, humbly implore your apostolical benediction. When thus tendering to your Holiness the profound homage of our veneration and love, and of our unalterable filial attachment to the chair of Peter, and to the sacred person of your

———

BEATISSIMO PADRE,

Noi, Vescovo, Clero e popolo della Diocesi di Clogher in Irlanda, Figli fedelissimi e divotissimi della Santità Vostra, prostrandoci ai vostri santissimi piedi, e con la più cordiale venerazione stampandovi un bacio, umilmente imploriamo l'apostolica Benedizione. Tributando noi alla Santità Vostra il profondo omaggio della nostra venerazione, dell'amor nostro e del nostro inalterabile filiale attaccamento alla Cattedra di Pietro, nonchè alla

Holiness, we deem it a duty of religion, to unite, at this time, with the whole catholic world, in the public and most solemn protest, now made, every where, on the part of more than two hundred millions of your faithful children, against the grievous and most unmerited wrongs to which your Holiness has been subjected. The enemies of the catholic Church, and of the Apostolic See, although most divided among themselves, have conspired, against your Holiness, and taking advantage of the mild principles, on which your most paternal government is, and has been always conducted, have through the machinations of wicked emissaries sent from different countries, succeeded in withdrawing a portion of your subjects from their allegiance, and in a part of the states of the Church have, by foreign influence and foreign intrigue, fomented and encouraged open rebellion against the Vicar of Christ, on earth, in defiance of the laws of nations, as well as of the laws of God and of religion. The patrimony of St. Peter, so necessary, in your high position, for the maintenance of your independance of the caprice or ambition of any secular power,

---

sacra Persona di Vostra Santità, il crediamo un dovere di religione collegarci, nei tempi presenti, a tutto il mondo cattolico, nel protestare pubblicamente e nel modo più solenne, como già è stato praticato da per tutto per parte di più che dugento milioni di vostri fedeli figli, contro la dolorosa e la più immeritata ingiustizia, alla quale è stata sottoposta la Santità Vostra. I nemici della Chiesa cattolica e della Sede apostolica, quantunque divisi in tanto frazioni fra loro medesimi, hanno cospirato contro Vostra Santità, o giovandosi dei miti principii, con cui è ed è stato sempre diretto il vostro governo più che paterno, sono riusciti, mediante macchinamenti di empii emissarii spediti da differenti paesi, a sottrarre una porzione de' sudditi di Vostra Beatitudine alla loro fedeltà, e in una parte degli Stali della Chiesa hanno, mediante influenza straniera e stranieri intrighi, fomentato e incoraggiato aperta ribellione contro il Vicario di Cristo in terra, contro ogni legge delle genti, nonchè contro le leggi santissime di Dio e della Religione. Il Patrimonio di san Pietro tanto necessario, nell'alta vostra posizione, per mantenere la vostra indipendenza dal capriccio

and resting on titles, the best founded and most sacred of any in existence, has been sacrilegiously invaded, and the civilized world is astonished at beholding persons, filling the highest political situations, in other countries, who should be the promoters of peace and order, abusing the influence they possess to encourage and render successful this most iniquitous rebellion against the best of sovereigns, and defending it on principles, utterly subversive of the stability of all governments, both civil and ecclesiastical, and which, if carried out, must disturb, every where, the whole frame of society, and render the rights to public and private property in every respect insecure.

This most deplorable state of things, has filled the paternal heart of your Holiness, as it has filled the hearts of your devoted children every where, with feelings of the deepest affliction, and from every motive of filial attachment, of love and gratitude, we are in duty bound, to afford, by every legitimate means, aid and consolation to the best of parents, surrounded on everyside, by

e dall'ambizione di qualsiasi secolare potere, e basato sopra titoli I più fondati e I più sacri di quanti altri esistono, è stato sacrilegamente invaso, e le nazioni incivilite restano attonite all'osservare, che persone le quali occupano le più alte politiche posizioni in altri paesi, e le quali esser dovrebbero I promotori della pace e dell'ordine, abusano della influenza, che godono, per incoraggiare o portaro a termine questa iniquissima ribellione contro il più buono de' Sovrani, e la difendono con principii al più alto grado sovversivi della stabilità di ogni governo si civile come ecclesiastico, e che, posti in esecuzione, è forza che perturbino da per tutto qualunque forma di società, e rendano malsicuri sotto ogni riguardo i diritti alla proprietà pubblica e privata.

Questo deplorabilissimo stato di cose ha ricolmo il paterno cuore della Santità Vostra, come del pari ha riempiuti I cuori dei vostri figli devoti sparsi per tutto il mondo, della più profonda afflizione, e da ogni impulso di filiale attaccamento, di amore e di gratitudine ci sentiamo obbligati ad offrire, mediante ogni legittimo mezzo, soccorso e conforto al migliore dei padri, circondato per ogni parte da siffatte opprimenti difficoltà

such overwhelming difficulties and tribulations. The open and secret enemies of religion, by their iniquitous intrigues, to deprive your Holiness of your temporal possessions, are manifestly endeavouring, to weaken, or overthrow, the catholic apostolic Church, of which on earth you are the visible head. Such attempts, have, often before, been made, and their folly and impiety made manifest, by the experience, of more than eighteen hundred years, evincing, that all the powers of darkness, of earth and hell, cannot overthrow the Church of Christ. Since the most cruel and wicked Emperor Nero, persecuted to death, your predecessor St. Peter, the first Pope, the most powerful Kings and Emperors, the world ever saw, have from time to time, opposed and persecuted the successors of St. Peter and the Church of God ; but where are these mighty potentates now ? God only knows. This we know, however, that the persecutors of the Church and of its chief Pastors, brought desolation and ruin upon themselves in this world, while the Church with the Pope at its head, still exists, and will continuo to exist until the consumation of all things.

---

e tribolazioni. I nemici segreti e palesi della religione, con gl'iniqui loro intrighi, a fin di spogliare la Santità Vostra de' vostri temporali dominii, si sforzano manifestamente d'indebolire, o rovesciaro la cattolica ed apostolica Chiesa, di cui Vostra Santità è il Capo visibile in terra. Tali conati, furono già spesso adoprati per lo passato, e la loro follia e l'empietà loro fu discoverta dalla sperienza di più di diciotto secoli, dimostrando ad evidenza che tutto il potere delle tenebre, sì della terra come dell'inferno, non giungerà mai a rovesciare la Chiesa di Gesù Cristo. Dopochè il crudelissimo e scellerato imperatore Nerone perseguitò a morte il vostro predecessore san Pietro, primo Papa, i più potenti Imperatori e Re, che il mondo abbia mai veduto, hanno sempre di tempo in tempo contrariato e perseguitato i Successori di san Pietro e la Chiesa di Dio ; ma ove sono adesso codesti grandi potentati ? Lo sa soltanto Iddio. Quello però che noi sappiamo si è che i persecutori della Chiesa e dei suoi supremi Pastori tiraronsi addosso desolazione e rovina in questo mondo, mentre la Chiesa col Papa alla sua testa esiste tuttora, e continuerà ad esistere fino alla

Peter, whose successor you are, and whose plenitude of power
and prerogatives you inherit, was constituted, by our Lord himself, the Rock, upon which his Church is built, and we have the
infallible promise of our Lord himself, that against his Church,
the gates of hell shall never prevail. Heaven and earth will pass
away, but the promises of our Lord to his Church will not pass
away. As in times past, He protected the Church and its chief
Pastors, amidst the trials, to which they were exposed, so, in his
own good time, He will rise in his might, and confounding the
intrigues and schemes of your enemies, He will appease the storm
now raging against you, He will command the winds and the sea
and a great calm shall ensue. Since we first heard of the disastrous
state of things in Italy, the prayers of the priests, at the altar, in
the adorable sacrifice, joined, in public and in private with the
prayers of the faithful laity, have, without intermission, been offered throughout the Diocess, for your Holiness, and for the con-
version of your enemies and for the re-establishment of tranquility

consummazione di tutte le cose. Pietro, di cui Vostra Santità è Successore
e di cui la plenezza del potere e le prerogative Voi avete ereditato, fu
dal Nostro Signore medesimo costituito Pietra, su cui è edificata la sua
Chiesa ; e noi abbiamo la infallibile promessa del divin Redentore che contro questa sua Chiesa non prevarranno mai le porte dell'inferno. Cielo e
terra passeranno, ma non passeranno le promesse che il Nostro Signore
fece alla sua Chiesa. Siccome nei tempi andati egli ha protetto sempre la
Chiesa e i supremi Pastori di lei infra le prove, alle quali essi vennero
esposti, così a suo tempo egli si desterà nella sua potenza, o confondendo gl'intrighi ed ogni disegno dei vostri nemici, calmerà la tempesta che ora imperversa contro di Voi, impererà ai venti ed al mare, e
verrà una tranquillità grande. Dal primo momento che avemmo contezza
dello sciagurato stato di cose in Italia, per tutta questa Diocesi si sono
offerte senza intermissione le preghiere dei Sacerdoti all'altare nell'ado-
rabile sacrifizio, unite in pubblico e in privato alle preghiere dei fedeli,
per la Santità Vostra, per la conversione de' vostri nemici, e per il ri-
stabilimento della tranquillità nei vostri temporali dominii, e della pace

Append. gen. II. 2

in your temporal dominions, and of peace and concord, among
all christian princes and people. With increased fervor, we will
continue to pray, for the integrity of the states of the Church,
and for the long life and happiness and prosperity of our most
beloved holy Father. These prayers will be offered to the God of
peace and of all consolation, that, through the infinite merits of
our Redeemer, the intercession of the aid of christians, the ever
Immaculate Mother of God, of St. Michael the Archangel, the
protector of the Church, of Sts. Peter and Paul, and of all the
Angels and Saints of God, your Holiness and the Church may,
in all things have the Divine protection. — On bended knees, the
Bishop, Clergy, and Laity of the Diocess of Clogher, dutiful and
most devoted children of your Holiness, implore again, most holy
Father, your apostolical Benediction.

Monahan, 7 Febr. 1860.

✠ C. Mac Nally, *Bishop of Clogher*

(Seguono circa settantamila firme.)

---

e concordia tra principi e popoli cristiani. Continueremo ora a pregare,
con raddoppiato fervore, per la Integrità degli Stati della Chiesa, e per
la lunga vita, felicità e prosperità del nostro amatissimo e santissimo
Padre. Queste preci saranno innalzate al Dio della pace e di ogni consolazione, affinché per i meriti infiniti del nostro Redentore, per la Intercessione dell'*Auxilium Christianorum*, la sempre Immacolata Madre di Dio,
dell'Arcangelo san Michele protettore della Chiesa, dei santi Apostoli Pietro e Paolo, e di tutti gli Angeli e Santi di Dio, la Santità Vostra e la
Chiesa sperimentino in ogni cosa la protezione divina. — Genuflessi finalmente il Vescovo, il Clero e il popolo tutto della Diocesi di Clogher, fedelissimi e divotissimi figli della Santità Vostra, imploriamo nuovamente,
Beatissimo Padre, la vostra apostolica Benedizione.

Monahan, 7 Febbraio 1860.

✠ C. Mac Nally, *Vescovo di Clogher*

LECCE NEL REGNO DI NAPOLI

(Provincia eccles. di Otranto)

IL VESCOVO DI LECCE

AL SOVRANO PONTEFICE

BEATISSIME PATER,

Valde vires reparat, Beatissime Pater, adspicere magis ac magis animum tuum roborari in aerumnias omnium generum adversus Deum, Ecclesiam, Principes, quae sine ulla intermissione in aliquibus Italiae Regionibus patrantur. Sicuti est evidens, Spiritus Sancti virtus, quae Te interius exteriusque abunde confirmat, sic, et Pastoribus, et Fidelibus robur affert, ac laetitiam inspirat, quibus suffulti vehementer opem et auxilium a Deo summo bono implorare non desistunt, et spem suam magnopere sustentari sentiunt; ita ut quantocius, nostri misertus Pater misericordiarum, et Deus totius consolationis, ac Dei Genitricis sine labe originali conceptae patrocinium, misericorditer efficere tandem dignentur, ut adversarii convertantur, resipiscant, Iesu Christi Vicarium revereantur, sanctam Sedem magnificiant in iuribus suis, et pacem, quam nobis Redemptor noster reliquit, continuo habeamus.

Pater Sancte, haec lacrymis perfusus, dum legerem allocutionem in Consistorio secreto diei 13 huius mensis et anni habitam, ad Pedes tuos sanctissimos credere statui, ut senioris [1] inter seniores Episcopos vox quoque erumpet, quae tot tamque gravia mala Ecclesiam, hominum familiam, dominationes legitimas labefactantia, et abominari, et detestari non paveat, imo catholicam, apostolicam, romanam Doctrinam profiteri strenue, Iesu Christi gratia adiuta, nunquam cesset.

Sanctissime Pater, dignare mihi et meo gregi apostolicam Benedictionem largiri.

Lycii, die 31 Iulii 1860.

✠ NICOLAUS CAPUTO, *Episcopus Lyciens*

---

[1] Monsig. Nicola Caputo dei Marchesi di Cerreto è nato in Napoli il 3 Febbraio 1771, e proclamato Vescovo il 21 Dicembre 1818.

LESINA IN DALMAZIA

(Provincia eccles. di Zara)

IL VESCOVO DI LESINA

AL SOVRANO PONTEFICE

BEATISSIME PATER,

Quanto animi dolore cuncta haec Dioecesis Pharensis graviter affecta fuerit, ubi primum auditum est nefandum porro facinus in sacram apostolicam Sedem et Sanctitatem Vestram impie patratum ; difficile prope est dictu. Omnes quippe Dioecesani, Deo favente, sunt apprime Catholici, fidemque sanctae Matris Ecclesiae catholicae, apostolicae, romanae colunt sincere, ac strenue profitentur. Quare exemplo in omnibus Dioecesis Ecclesiis preces publicae obsecrationesque in Missis indictae; quo Deus Optimus Maximus monstra haec penitus evertere, Ecclesiae pacem reddere, Sanctissimumque Vicarium suum tueri benignius velit. Aliquam praeterea pecuniae summam pro Divi Petri arca, bis mille, scilicet septingentos, et sexaginta Francos aureos, ut in annexa scheda, collectos Sanctitati Vestrae humillime submitto. Tenuis illa quidem, ratione temporum ; at animo prorsus libenti offertur.

Unum interim est, quod enixe rogamus, ut Sanctitas Vestra eam benigne acceptam habere velit ; omnibusque ad pedes sanctissimos provolutis, tum populo, tum Clero ac Episcopo devoto apostolicam Benedictionem impertiri clementissime non dedignetur.

Sanctitatis Vestrae,

Datum Pharae in Dalmatia, IV kal. Septembris MDCCCLX.

Humillimus Servus

Pr. Dominicus Borsini, *Episcopus Pharen.*

LIMOGES IN FRANCIA

(Provincia eccles. di Bourges)

IL VESCOVO DI LIMOGES

AL CLERO E AI FEDELI DELLA SUA DIOCESI

FÉLIX-PIERRE FRUCHAUD

PAR LA GRACE DE DIEU ET DU SAINT-SIÈGE APOSTOLIQUE, ÉVÊQUE DE LIMOGES,

*Au Clergé et aux Fidèles de Notre Diocèse, Salut
et Bénédiction en Notre Seigneur Jésus-Christ.*

I.

Dans les orages que traverse l'Église, Nos très-chers Frères, les chrétiens ne doivent ni s'effrayer, ni s'endormir. L'effroi des uns serait une faiblesse ; le sommeil des autres est un châtiment. Les premiers, hésitant dans la Foi, sont mal assurés de la présence de Dieu parmi nous [1] ; les seconds, victimes vivantes de la justice divine, traînent par le monde leur épouvantable supplice, la torpeur et l'aveuglement [2]. Dans ces épreuves produites

---

[1] *Quid timidi estis, modicæ fidei?* Matth. VIII, 26.
[2] *Inebriabo eos ut sopiantur et dormiant.... dicit Dominus.* Jérém. LI, 39.

par les passions des hommes, nous savons, nous, que la justice
et la miséricorde divines font leur œuvre ; notre devoir est de
regarder le péril en face, avec une conscience sans peur et sans
reproche, et de nous appuyer sur Dieu, en méditant ses immor-
telles promesses.

Certes, les jours présents sont bien troublés, et jamais peut-
être l'audace des hommes d'anarchie, les principes qu'ils profes-
sent, les projets qu'ils avouent ne menacèrent davantage l'ordre
social. Cette fois, ce n'est plus une institution qu'on ébranle,
c'est le fondement dernier de toutes les institutions ; ce n'est pas
un droit privé ou public qu'on viole, c'est le droit lui-même
qu'on attaque dans son essence et dans son principe. Oui, la guerre n'est pas où les hommes inattentifs et distraits la voient ou la
redoutent. Elle n'est pas entre les peuples, qui n'ont aucune envie de se détruire ; elle n'est point entre les rois, qui n'ont pas
de raison pour se haïr personnellement ; mais, bien haut au-dessus de la tête des rois et des peuples, la guerre, une guerre implacable est ouverte aujourd'hui entre l'impiété et la religion,
entre l'homme et Dieu. A l'insu des uns [1], à la joie satanique
des autres, l'ennemi déclaré que poursuivent les complots des
méchants, ce n'est pas Pie IX, c'est le Pape ; et derrière le
Pape, c'est Jésus-Christ notre Redempteur, c'est Dieu présent
parmi nous. Quiconque écoute en silence les frémissements du
monde, et lit avec réflexion les productions de la Presse impie
et révolutionnaire, acquiert bien vite la certitude, que ce qui
fermente dans la conscience publique, ce n'est, ni une question
de territoire, ni une question de nationalité, mais avant tout une
question religieuse.

Puisque l'impiété dirige habilement tous les coups au cœur
même de la religion, contre le représentant visible de Jésus-Christ

---

[1] *Aberrantes, quorum forsitan aliqui decepti, nesciunt quid faciunt.* Allo-
cution du 26 Sept. 1859.

sur la terre, serrons-nous davantage autour de ce *palladium* menacé. Tandis que d'héroïques dévouement vont offrir à la personne sacrée du Pontife-Roi le secours de leurs bras et le sacrifice de leur vie, mettons à ses pieds l'hommage de notre fidélité, de notre admiration et de notre amour. Lorsque les nouveaux Scribes et les Pharisiens modernes ameutent incessamment toutes les mauvaises passion, et toutes les ignorances contre le Vicaire de Jésus-Christ; lorsque, par des feuilles légères saturées du venin de leurs doctrines, ils s'efforcent d'insinuer dans les âmes simples et sans défiance les erreurs, les préjugés et la désaffection, armés du *glaire de la parole* sainte, relevons dans les respects des catholiques les éminentes prérogatives du suprême Pontificat, et montrons à tous la grandeur des intérêts sociaux qui se rattachent à sa cause.

Ce devoir de notre charge, nous le remplissons avec d'autant plus d'élan, Nos très-chers Frères, que nous avons la douce certitude de raffermir et de pacifier l'Empire et l'Europe, en défendant le Pape et la sainte Église. *Pro imperii salute geritur quod pro quiete Ecclesiae, vel sanctae religionis reverentia laboratur* [1].

Savez-vous, Nos très-chers Frères, « de quoi il s'agit, quand on parle du Souverain Pontife ? Il s'agit du christianisme tout entier [2]. » Ce mot d'un des plus grands esprits du XVIe siècle, mesure à lui seul la portée immense du débat contemporain. Quand on n'en jugerait, d'ailleurs, que par le bruit incessant qui gronde depuis des siècles autour de la chaire Pontificale, on demeurerait convaincu que là s'agite la question décisive, suprême, du présent et de l'avenir. Où se ruent invariablement toutes les haines, où volent tous les dévouements, il faut bien qu'il y ait quelque chose de fort à renverser, quelque chose de grand à

[1] Coelest. *Epist. ad Theod.*
[2] Bellarmin. *De summo Pontifice.*

Append. gen. II. 3

défendre. Rien n'est plus infaillible que cet instinct des masses ;
et l'histoire suffirait à prouver, toute seule, la vérité du mot de
Bellarmin : « Quand on parle du Souverain Pontife, il s'agit du
christianisme tout entier. » Mais, établissons par le raisonnement
cette grande doctrine.

Évidemment l'Église et le Pape sont à jamais inséparables,
s'il a plu à Dieu de les unir indissolublement. C'est un principe
élémentaire de bon sens et de foi, que les institutions fondées
par le Sauveur sont indépendantes des volontés changeantes de
l'homme, et placées au-dessus de son pouvoir emprunté. Leur
destinée est de traverser le temps sous la garde de notre amour,
ou sous les malédictions impuissantes de notre haine, sans chan-
ger, sans s'altérer jamais, immuables et permanentes comme leur
immortel Fondateur. On les accepte, ou on les repousse : on ne
les détruit pas. Or, toute tentative de la force ou de la ruse pour
les modifier, les amoindrir, les accommoder à des idées terrestres, les ajuster à des systèmes préconçus, les adapter à ce que
notre ignorance et notre orgueil appellent les besoins nouveaux et
les progrès de notre civilisation avancée, n'est pas autre chose,
au fond, qu'un essai de destruction, essai sacrilège et radicale-
ment nul. La constitution de l'Église est ce que Jésus-Christ l'a
faite, ou elle n'est pas. Il l'a octroyée au monde dans la plénitude de sa liberté, après l'avoir élaborée dans les conseils divins
de son infinie sagesse, et il n'en a soumis les dispositions sou-
veraines, ni aux appréciations de l'opinion mondaine, ni aux di-
scussions de la Presse, ni aux délibérations des assemblées popu-
laires, ni aux décrets des autocrates. *Le ciel et la terre passeront,
mais ses paroles ne passeront point* [1].

Or, s'il est quelque chose de vrai et de manifestement divin, c'est la constitution monarchique de l'Église. Dieu a mis un
seul homme à la tête de la société surnaturelle : il a voulu faire

[1] Marc. XIII, 31.

reposer sur un front unique la plénitude de sa puissance, repré-
sentée par une triple couronne. Ce fait existe : tous les siècles
l'ont vu, comme le nôtre le contemple. Pierre et ses successeurs
portent, depuis près de deux mille ans, ce glorieux et redoutable
fardeau ; ils élèvent la voix du haut de la chaire apostolique et,
sur tous les rivages, les esprits s'inclinent et adhèrent : ils com-
mandent, et l'univers obéit. Loin de contester cette souveraineté
prodigieuse, l'Église la proclame sans cesse par les lèvres de ses
Évêques : « Nos anciens Docteurs, dit Bossuet, ont tous reconnu,
d'une même voix, dans la chaire de Saint-Pierre, la plénitude de
la puissance apostolique [1] ; » par les décisions solennelles de ses
Conciles généraux : « Nous définissons, dit-elle à Florence, que
la puissance universelle sur toute l'Église réside dans le Souverain
Pontife, successeur de Pierre et Vicaire de Jésus-Christ [2]. »

Vraiment, Nos très-chers Frères, comment douter un instant
de la réalité, de la légitimité de ce pouvoir, quand on voit le
Sauveur, dans l'Evangile, le conférer si clairement, si hautement,
si solennellement à Pierre seul, et, en sa personne, à tous ses
successeurs? Lorsque Simon Bar-Jonas paraît la première fois devant lui, présenté par André, son frère, Jésus attache sur son
front de longs regards ; et voyant dans l'avenir toute l'histoire
de la Papauté, le soulèvement de tant de haines contre une tête
si frêle : Tu es fils de Jean, lui dit-il ; tu t'appelleras Céphas,
c'est-à-dire, Pierre [3]. Dans ce changement de nom, était déjà
toute la prophétie des gloires Pontificales ; comme si le Sauveur
eût dit : Tu n'es maintenant qu'un homme vulgaire, le fils de
Jean ; tu seras bientôt le chef d'un grand peuple, la pierre fondamentale du plus splendide édifice qu'ait éclairé le soleil : *Tu
vocaberis Cephas.*

---

[1] Sermon sur l'unité de l'Église.
[2] Act. Conc. Floren. Lab. XIII, 515. — Id., Conc. Lugd. II, XI, 9, 66.
[3] Ioan. I, 12.

Plus tard le Sauveur explique plus largement sa pensée, et
complète sa révélation. Il venait d'arriver avec ses Disciples à Césarée [1]. Que dit-on du Fils de l'Homme? leur demande-t-il. Les
uns disant que c'est Jean-Baptiste; d'autres que c'est Elie; d'autres encore que c'est Jérémie ou quelq'un des Prophètes. — Et
vous, reprend Jésus, qui dites-vous que je suis? Alors, dans le
silence de tous, la voix de Pierre s'élève: Vous êtes le Christ,
le Fils du Dieu vivant: *Tu es Christus Filius Dei viri*; et par cette haute prédication de la Foi, selon le dire de Bossuet, il s'at-
tire cette immortelle promesse qui le fait le fondement de l'Église: « Tu es heureux, Simon Bar-Jonas, parce que ce n'est ni la
chair ni le sang, qui t'ont révélé cela, mais bien mon père qui
est dans le ciel; et moi je te dis à toi: tu es Pierre, et sur cette
pierre je bâtirai mon Église, et les portes de l'Enfer ne prévaudront pas contre elle; et je te donnerai les clefs du royaume
des cieux; et tout ce que tu auras lié sur la terre sera lié dans
le ciel, et tout ce que tu auras délié sur la terre sera délié
dans le ciel. »

Paroles éternellement mémorables dans lesquelles le Sauveur
semble dire: comme mon Père t'a révélé ma divinité, moi, je te
révèle la dignité suprême. *Sicut pater meus tibi manifestavit divi-
nitatem meam, ita et ego tibi notam facio excellentiam tuam* [2]. Ainsi, quoiq'il en soit des pouvoirs qui seront donnés plus tard aux
autres Apôtres, collectivement et restreints par leur partage, Pierre les reçoit dans leur plénitude *le premier, seul, et sur tous, et
sans exception*. Seul, Pierre est constitué irrévocablement le fondement de l'Église. Car, ajoute Fénélon, « si les paroles des
hommes sincères disent ce qui est, les paroles toutes puissantes
du Fils de Dieu font ce qu'elles disent. » Nulle limite n'est fixée
à ces pouvoirs: Pierre et ses successeurs ont la plénitude de la

---

[1] Matth. XVI, 13, 14, 16, 17, 18, 19.
[2] S. Leo, Serm. 3. *In anniv. Assumptionis.*

puissance apostolique. « C'est un point décidé et résolu, » dit le
grand Évêque de l'Église gallicane [1].

Enfin, après sa résurrection, le divin Rédempteur, pour qu'il
ne reste aucun doute sur cette suprématie merveilleuse, s'adres-
se de nouveau à Pierre seul, et après avoir reçu cette triple profession d'amour que vous connaissez, Nos très-chers Frères, il
lui dit : « pais mes agneaux, pais mes brebis » *pasce agnos meos,
pasce oves meas* [2], c'est-à-dire gouverne à toi seul et les fidèles
et les pasteurs : règne sur eux universellement. « Ces textes sont
si clairs, dit un écrivain protestant, qu'il faut nier la vérité des
saintes Écritures, ou avouer que Jésus-Christ lui-même promit un
chef de l'Église à toutes les générations à venir [3]. » Concluons
donc avec le savant et judicieux Gerson que l'Église est fondée
sur un seul monarque suprême, le Pontife romain. *Ecclesia in uno
monarcha supremo, per universum, fundata est a Christo.*

Qui de vous, nos très-chers Frères, n'admirerait maintenant,
combien saint François de Sales pénétrait dans la constitution intime de la société chrétienne, quand il disait cette parole célèbre : « Le Pape et l'Église c'est tout un. » Comment, en effet,
séparer l'édifice surnaturel du fondement qu'il a plu à Jésus-Christ
de lui donner? Comment, dit saint Cyprien, se persuader qu'on
appartient à l'Église quand on a déserté la chaire de Pierre, sur
laquelle l'Église est fondée [4]? Cette réflexion du saint Évêque
de Carthage, est si évidente, qu'il est impossible de se démontrer à soi-même qu'on a le bonheur d'appartenir à l'Église véritable, si ce n'est en s'assurant qu'on est parfaitement uni au Souverain Pontife. On peut lire la Bible et les Évangiles ; on peut
recevoir des Sacrements ; on peut être en communion avec des
Évêques validement ordonnés, sans faire partie du troupeau béni

[1] Discours sur l'unité de l'Église.
[2] Ioan. XXI, 13, 16, 17.
[3] William Cobbet. Histoire de la Réforme. Lett. 2, n. 10.
[4] Saint Cyp. De unitate Ecclesiae, VII.

du Sauveur, si ces Évêques, qui sont le lien ordinaire qui unit les Fidèles au Pape et à l'Église, n'ont pas été institués par l'autorité suprême du Vicaire de Jésus-Christ, ou ne sont pas en communion avec lui. Ceux-là seuls sont dans l'Église qui sont unis à son chef. *Ubi Papa, ibi Ecclesia.*

C'est par la même raison que les hérétiques des premiers siècles, mieux avisés que les novateurs modernes, s'efforçaient de démontrer qu'ils restaient unis, malgré leur doctrine, avec l'Évêque de Rome. On les irritait en leur disant qu'ils avaient rompu avec le saint-Siége, qu'ils n'appartenaient plus à la sainte Église; ils sentaient si bien la force de cette argumentation que la pensée ne leur vint jamais d'essayer de la réfuter; et ils ne croyaient pouvoir échapper à leurs adversaires qu'en leur démontrant qu'ils n'étaient pas séparés de communion avec le successeur de Pierre. Ce fut la ruse de Marcion, de Praxéas, des Montanistes, des Novatiens, des Donatistes et de tant d'autres dont l'histoire a gardé le souvenir. Ce n'est que plus tard, dans la suite des siècles, quand les scandales du schisme d'occident eurent porté atteinte à l'antique vénération qui entourait le souverain Pontificat, qu'on s'avisa de distinguer l'Église du Pape, et de séparer imprudemment par la pensée ces deux éléments indissolubles, que les protestants et les anarchistes modernes essaient, mais en vain, de diviser par la force. *Non praevalebunt.* L'hérésie peut prodiguer son or et ses intrigues, l'impiété multiplier ses écrits, la révolution déchaîner les passions subversives: *non praevalebunt.* Toutes ces puissances de l'enfer ne prévaudront pas contre la puissance divine; l'antique constitution de l'Église, éprouvée par tant de combats et tant de victoires, remportera un nouveau et splendide triomphe.

Au reste, quand on y réfléchit sérieusement, Nos très-chers Frères, on découvre bientôt la nécessité rigoureuse et la raison providentielle de cette inséparable union entre le Pape et l'Église.

L'Église dans laquelle Dieu nous a fait la grâce de naître, dans le sein béni de laquelle nous voulons vivre et mourir, Nos très-chers Frères, porte un nom célèbre dans l'histoire que nulle secte jusqu'ici n'a pu lui disputer : elle s'appelle l'Église catholique. Ce nom incommunicable qui signifie son expansion universelle dans les siècles et dans l'espace, exprime à lui seul toute sa force divine et sa merveilleuse fécondité. Oui, l'Église de Jésus-Christ est catholique, c'est-à-dire universelle. En effet, si Dieu venu sur cette terre a fondé une société pour unir ses enfants par la profession d'une même foi, la participation aux mêmes pasteurs, comment en eût-il fait l'exclusif privilège d'un peuple ou d'un siècle ? Jésus-Christ n'est-il pas mort pour le genre humain tout entier, et ne veut-il pas que tous les hommes arrivent à la connaissance de la vérité et à la possession du suprême bonheur [1] ? À quelque point dans l'espace, à quelque moment dans la durée qu'une intelligence s'éveille, elle a le droit de rencontrer Dieu devant elle, comme le soleil au seuil de sa demeure : elle a le droit d'entendre cette parole que les apôtres reçurent pour en disséminer les accents sur toute la terre ; et l'Église doit être là, pour lui transmettre intact, immortel, le trésor de vérité dont elle enrichit tous les siècles. L'Église doit s'étendre d'une extrémité à l'autre de l'univers, parce que l'univers lui fut donné comme son domaine ; elle doit remplir non pas seulement de ses dogmes et de sa pure doctrine, mais de sa hiérarchie, de sa législation, de sa discipline, de son administration spirituelle, de sa vie sociale enfin, l'immensité des lieux et des temps. Quelle prodigieuse entreprise, Nos très-chers Frères ! Ce serait déjà immense de porter une même doctrine partout, et d'asservir à une idée unique toutes les intelligences dispersées dans un siècle ; mais asseoir une organisation sociale tout entière dans tous les climats et sous toutes les latitudes ; épandre d'un bout à

[1] Tim. II, 4.

l'autre du monde et des âges les innombrables éléments d'une hiérarchie visible, les formes substantielles d'un même culte, les rè-
gles inflexibles d'une même législation morale et d'une administration complète, quel rêve ! Et pourtant ce rêve impossible est
une réalité vivante : c'est un fait permanent, un fait qui brille
sur la terre comme le soleil à la voûte céleste. Neuf cents Évêques disséminés sur la surface entière du globe, successeurs d'une
infinité d'autres Évêques, distribuent infatigablement au sein des
cités populeuses de la civilisation et des peuplades éparses de la
barbarie, dans les républiques du nouveau monde, dans les royaumes, dans les empires, l'immuable et bénie doctrine du Sauveur Jésus. Ils vont, sans se lasser jamais, plus loin que les
Césars et leurs légions, semant la vérité sur tous les rivages, et
jetant la parole de Dieu à tous les échos de l'univers.

Or quel pouvoir unique se fera accepter, respecter, obéir par
ces peuples innombrables, différents de race, de couleur, de langage ; par ces nationalités que des intérêts ennemis et des riva-
lités séculaires divisent les unes des autres ; par ces fières auto-
craties, par ces aristocraties orgueilleuses, par ces democraties
remuantes et jalouses ? Ces éléments multipliés, si divergents, si
contraires, d'une si prodigieuse société, quel centre les réunira ?
Quel lien les retiendra dans l'unité ? Qui les *rammassera en un*,
selon le mot énergique de l'aigle de Meaux ? qui soufflera sur tous
le même esprit fécond d'amour et de vie ? Quelle âme enfin s'im-
miscera doucement dans ces membres épars pour faire de leur
réunion un corps harmonieux et vivant ? Renversez le siège de
Rome, retranchez le souverain Pontife, vous aurez neuf cents
diocèses, vous aurez neuf cents Églises diverses, vous aurez
peut-être encore quelques Églises nationales, si les Clergés et les
peuples sont préparés par un licencieux et sanguinaire despotisme à cette abdication de la foi, de la liberté, de la coscience ;
mais vous n'aurez plus d'Église catholique, d'Église de Jésus-
Christ. Cette universelle société fondée par le Sauveur s'évanouit

coup ; et le monde effrayé, cherchant vainement sa voie perdue,
s'étonne que l'absence d'un seul homme produise brusquement ce
vide immense au milieu du temps et cette effroyable perturbation
dans l'état du genre humain.

Ah ! c'est que véritablement l'*Église et le Pape c'est tout un.*
Sans le Pape, il est métaphysiquement impossible qu'il y ait une
Église catholique. C'est en lui et dans son Siége apostolique de
Rome que réside, comme le dit le VIII Concile œcuménique,
l'entière et vraie solidité de la religion chrétienne. *Sedes apostolica..... in qua est integra et vera christianae religionis so-
liditas* [1].

Que si la Papauté est indispensable pour établir et garder l'unité
de gouvernement entre les parties diverses de la société chrétienne, combien ne l'est-elle pas davantage pour fixer et maintenir
dans l'unité doctrinale ces autres éléments plus mobiles et plus
fugitifs qu'on appelle les esprits ?

L'Église a été fondée pour porter à tous les esprits la vérité
révélée, *euntes docete omnes gentes* [2]. Sa mission est de verser à
toutes les intelligences la même lumière, de nourrir toute pensée
humaine du même aliment spirituel. C'est un grand et merveilleux
spectacle de voir, depuis près de deux mille ans, hier comme aujourd'hui, au nord, au midi, à l'orient, à l'occident, ses Évêques, ses docteurs, ses prêtres, ses fidèles, ses néophytes s'unir
et s'embrasser dans la paix profonde d'une commune vérité ; de
contempler toutes les intelligences s'abreuvant aux mêmes sources
et vivant de la même foi ; d'entendre l'incomparable concert de
toutes les voix du monde, chantant dans toutes les langues qui se
parlent sous le soleil le même symbole catholique d'espérance et
de vie ! L'intelligence, l'imagination, le génie, ces nobles facul-
tés de l'âme humaine si jalouses de leur liberté, si impatientes

---

[1] Labb. t. IV, p. 118.
[2] Matth. XXVIII, 19.

Append. gen. II. 1

de tout frein, si audacieuses dans leurs aspirations vers le progrès, sollicitées par l'orgueil et la passion aux profanes nouveau-
tés, aux mensonges séduisants, aux erreurs funestes, quelle main
à la fois douce et ferme saura les retenir et les diriger dans les
voies du vrai, du beau et du bien? Quelle autorité les enfermera
dans le cercle inflexible d'une immuable doctrine sans gêner leur
activité, sans rétrécir leurs horizons ; et, quand ils seront sortis
de la vérité, les y ramènera sans imposer de sacrifice au sentiment légitime de leur noblesse et de leur dignité? Quel tribunal
souverain décidera les questions religieuses et tranchera en dernier ressort, par un jugement non-seulement irréformable, mais
infaillible, les controverses sur la foi et les mœurs? Cherchez,
Nos très-chers Frères, dans la société chrétienne une souveraineté
permanente, toujours visible, qui remplisse depuis l'origine ce
glorieux et nécessaire ministère, et dites si ce n'est pas le Pape?
Que deviendrait l'Unité doctrinale sans lui? et sans l'Unité doctrinale que serait l'Église catholique?

Sans doute il existe des Conciles œcuméniques ; mais le Pape
et les Évêques dispersés ou réunis c'est tout un. Lorsque le Pape, pour donner plus de solennité à un jugement ou à une défi-
nition dogmatique, convoque tous les Évêques du monde en Concile général, ce n'est pas une souveraineté novelle qui surgit au
milieu de l'Église, c'est la même souveraineté qui revêt plus
d'éclat, mais qui n'acquiert ni plus de puissance, ni plus d'éten-
due. L'Esprit, qui parlait par Pierre seul, parle dans le Concile
par tous ; mais, en passant par plus de lèvres, il ne donne pas
plus de certitude : il demeure immuablement le même, aussi digne des nos respects et de nostre foi dans la bouche de Pierre,
que dans les acclamations d'un concile universel. Ces solennelles
réunions ne pouvant du reste se faire que très-rarement, il est
manifeste que le Pape seul est le juge ordinaire et infaillible des
controverses religieuses. C'est lui qui est la source, le centre, le

lien de l'Unité doctrinale; et tout dans l'Église prend en lui sa force et son impérissable appui. L'œil observateur de Montalgoe l'avait bien remarqué : « L'Unité de ce souverain Prêtre, disait-il, lien toute la chrétienté unie et en soi et en Jésus-Christ. »

O adorable mystère de l'Unité! O merveille de la puissance de Dieu! O simplicité incomparable de ses œuvres! Dans cette main toute-puissante les plus frêles moyens suffisent à produire les plus prodigieux effets. Pour vivifier incessamment tous les êtres du globe, il ne faut qu'un seul astre placé au fond des cieux : pour ranimer dans l'immensité des siècles la vie surnaturelle, pour éclairer les âmes, pour transfigurer doucement le monde tout entier, il suffit d'un pauvre vieillard prêt à se coucher dans la tombe. Sur cette seule tête reposent, par la volonté de l'Eternel, toutes les espérances du genre humain; à cet homme seul, debout au milieu du temps, sont suspendues les joies présentes, les béatitudes futures de toutes les âmes vivantes.

Qui donc s'étonnerait à présent, Nos tres-chers Frères, si nous sommes émus de ses épreuves, si nous souffrons de ses douleurs? Père commun de la grande famille catholique, chef du corps mystique, dont nous sommes les membres, représentant de Dieu parmi nous, Vicaire de Jésus-Christ, dépositaire des trésors de la divine miséricorde, gardien des clefs du royaume céleste, le Pape a tous les titres à notre vénération et à notre amour. Nous lui sommes unis par tous les liens à la fois, par toutes les puissances de notre âme, par toutes les fibres de notre cœur; les sentiments qui nous attachent à sa personne et à ses droits n'ont point d'expressions dans le langage humain; ils ne se manifestent complètement que par le martyre. « Sainte Église romaine, mère des Églises et mère de tous les fidèles, Église choisie de Dieu pour unir ses enfants dans la même foi et dans le même charité, nous tiendrons toujours à ton unité par le fond de nos entrailles. Si je t'oublie, Église romaine, puissé-je m'oublier moi-même! Que

ma langue se sèche et demeure immobile dans ma bouche, si tu
n'es pas toujours la première dans mon souvenir [1] » *Adhaereat lingua mea faucibus meis, si non meminero tui* [2].

II.

Les destinées de l'Église ne sont pas seules attachées au souverain Pontife, les destinées de la société en général dépendent
également de lui. L'ordre social se briserait et s'écroulerait
tout-à-coup si le Pape venait à disparaître, et, mieux que l'am-
bassadeur romain, cet envoyé béni des cieux porte réellement
dans les plis de sa robe la paix ou la guerre, la vie ou la mort
des nations.

Le Pape Pie IX écrivait après la prise de Rome : « Le triomphe des armées françaises a été remporté sur les ennemis de la
société humaine ». C'est qu'il y a douze ans, comme aujourd'hui,
comme toujours, les ennemis de la société humaine étaient et sont
les plus cruels ennemis de la Papauté ! Il n'y a pas dans l'histoire une haine célèbre contre la société qui n'ait attaqué la pierre
fondamentale de l'Église et déchiré la soutane blanche des Évêques de Rome. Ce fait est significatif : quiconque y réfléchit un
instant est forcé de reconnaître qu'il existe une solidarité secrète
et profonde entre l'ordre social et la Papauté. Il faut bien, en
effet, que ces deux grandes choses soient inséparablement unies ;
sans cela, qu'importerait ce vieillard du Vatican aux révolution-
naires, aux anarchistes, aux socialistes, aux démolisseurs de tous
les pays et de tous les siècles ? La haine est savante comme
l'amour, et, pour l'observateur attentif, il n'est pas de révélation
humaine plus utile et plus éclatante que l'âme des méchants.

---

[1] Bossuet.
[2] Psalm. CXXXVI, 6.

Il y a d'abord entre les Papes et l'Europe cette sorte de solidarité intime qui existe entre l'ouvrier et son œuvre. Ce sont
les Papes qui ont fait la civilisation moderne. Cette affirmation,
l'histoire véridique la proclame si haut que les protestants eux-
mêmes ne l'ont pas contestée. « La Papauté, écrivait l'un d'entre
eux, à Berlin, en 1806 [1], sauva l'Europe d'une entière barbarie;
elle créa des rapports entre les nations les plus éloignées; elle
fut un centre commun, un point de ralliement pour les États
isolés. Ce fut un tribunal suprême élevé au milieu de l'anarchie
universelle.... Elle prévint et arrêta le despotisme des empereurs,
remplaça le défaut d'équilibre et diminua les inconvénients du
régime féodal. » La science et la bonne foi historiques ne sauraient mieux dire, Nos très-chers Frères. Oui, la Papauté fut, en
effet, un centre commun pour les peuples affaiblis par leur isole-
ment, ou, comme l'a dit un célèbre écrivain français, *le lien universel* [2]: elle fut en même temps le tribunal suprême au milieu
de l'anarchie générale; et, avec un courage qui étonne et qui
ravit, elle fixa le droit public de l'Europe, forma la conscience
des peuples, abaissa la force et fit régner partout le droit et la
justice. Quand on ne voudrait, Nos très-chers Frères, considérer
la Papauté qu'à ce point de vue historique, est-ce que tous les
hommes d'ordre en Europe, quelle que soit leur foi religieuse,
philosophes ou catholiques, n'ont pas un immense intérêt et un
devoir sacré à la défendre? Est-ce que par hasard il n'importe
pas à tous qu'il y ait toujours ici-bas une grande et vivante protestation possible contre tout genre d'iniquité? Que deviendrait
donc sans cela la dignité humaine? Nous serions sans cesse ex-
posés à l'insolent triomphe de la force et du mal, et il ne nous
resterait qu'à baisser la tête et à rougir en silence des hontes
du genre humain!

[1] Tableau des révolutions du système politique de l'Europe depuis la fin
du XV siècle, par M. Ancillon, t. I, p. 135.

[2] Génie du Christianisme.

Hélas! jamais peut-être l'autorité pontificale ne fut plus menacée, et jamais elle ne fut plus nécessaire au monde.

Toutes les fois qu'une révolution nouvelle a brisé sceptres et couronnes, nous avons vu avec pitié ou épouvante surgir des systèmes, des doctrines, des religions ridicules ou hideuses. Si les puissances de l'enfer pouvaient prévaloir contre la puissance divine, si une révolution plus terrible que toutes celles dont l'histoire a gardé le sanglant souvenir, détruisait le centre d'unité du monde moral, et faisait taire cette voix apostolique, qui du haut du Vatican retentit sur tous les points et à toutes les extrémités de l'univers pour enseigner la vérité, défendre le droit, flétrir l'injustice et condamner le mensonge; nous verrions se renouveler la confusion des langues et le déchaînement de toutes les erreurs. Le communisme qui fermente en secret dans les bas-fonds de la société, se hâterait de courir au partage des propriétés que sa cupidité convoite. L'impiété, qui a déjà livré au mépris public ses plans d'Église nationale ou constitutionnelle, reprendrait l'essai malheureux et flétri de la philosophie anti-chrétienne. Le mal enfin, sous toutes ses formes, rompant les digues impuissantes que la force chercherait à lui opposer, s'étendrait en vagues infinies et couvrirait de sa fange immonde l'univers entier.

L'antique respect dont nos pères avaient fait comme le culte de la seconde majesté, déjà si ébranlé par ces écroulements de trônes et de dynasties royales que notre siècle a vus, ne résisterait pas au renversement du trône pontifical. Si, ce que Dieu ne permettra jamais, cette grande autorité spirituelle du Pontife romain, la plus majestueuse et la plus complète personnification de l'autorité de Dieu sur la terre, venait à disparaître, l'autorité temporelle aurait perdu dans la conscience publique les droits que la religion lui avait assurés; le respect et l'obéissance auraient disparu dans la famille et dans la société. Oui, nous vous le répétons bien haut, Nos très-chers Frères, quiconque conspire contre la Papauté, conspire contre l'humanité: quiconque l'attaque,

vous attaque vous-mêmes, chefs des peuples, magistrats, pères de
famille, maîtres, vous tous en qui nous respectons à quelque
degré que ce soit une délégation de la puissance divine! Puissiez-
vous bien comprendre que la Papauté n'est pas seulement le fondement inexpugnable de l'Église, mais encore la clef de voûte
de l'édifice social, et le ciment surnaturel qui en relie entre elles
toutes les parties!

Ah! ils ne l'ignorent pas, les amis du désordre et de l'anarchie; et de là leur haine et leurs incessantes attaques contre le
siège pontifical! Nous, oublieux ou distraits, nous n'y pensons
pas, et nous jouissons des bienfaits que nous lui devons avec une
orgueilleuse ingratitude. Pareils à ces impies, qui tout enveloppés
qu'ils sont de la Providence divine, s'efforcent de n'y pas croire
et de nier son existence, tout couverts de la providence des Papes, nous méprisons leur bonté, nous insultons à leurs bienfaits.
Ah! s'ils venaient à reprendre leur bien, s'ils emportaient de nos
civilisations tout ce qui leur appartient, si le splendide héritage
qu'ils nous ont laissé et dont nous vivons sans y penser, s'éva-
nouissait tout-à-coup dans nos ingrates mains, l'Europe serait
épouvantée de son dénument et de ses ténèbres! Nos sociétés si
superbes et si dédaigneuses, dépourvues de tout ce qui fait leur
gloire et leur vie, s'abîmeraient dans le chaos! Dieu peut réser-
ver à nos apostasies cet horrible châtiment: c'est son secret.
Quand les peuples écartent d'une main insensée et hautaine le
flambeau de la foi, Dieu les aide, et l'éteint brusquement. Jéru-
salem, Antioche, Éphèse, Césarée, Damas, Alexandrie, Carthage,
l'Afrique, l'Asie mineure, ont senti passer sur elles ce souffle
redoutable de la justice du Tout-Puissant. Depuis des siècles, le
silence et la désolation planent sur leurs fronts maudits. En par-
courant le globe, le voyageur attristé reconnaît, sans pouvoir s'y
méprendre, les lieux que la colère de Dieu a visités: pas un
pouce de terre où la foi s'est éteinte, qui ne porte d'une façon
indélébile les stigmates de la vengeance divine.

Qui donc, Nos très-chers Frères, ne tremblerait jusqu'au fond
de son âme en voyant les coups que l'impiété contemporaine porte
chaque jour au souverain Pontife? Nous, qui replantons la croix
sur la cathédrale de Pékin et qui rouvrons au Pape la muraille
de la Chine, prenons garde de ne pas éteindre sur nous la lumière que nous donnons si généreusement aux autres. Les juifs pro-
mènent au milieu des siècles le flambeau des écritures, et ils
sont eux-mêmes enveloppés de ténèbres! Ah! il me semble entendre notre bien-aimé Pie IX nous dire du haut de son calvaire.
comme Jésus son maître et son modèle disait aux femmes de Jé-
rusalem : « Ne pleurez pas sur moi, mais pleurez sur vous et
vos enfants! » « L'Église (dont il est le chef) a des promesses
d'éternité; et nous, qu'avons-nous, mes frères, s'écriait Fénélon [1],
sinon des menaces qui nous montrent à chaque pas l'abîme ouvert
sous nos pieds? Le fleuve de la grâce ne tarit jamais, il est vrai;
mais souvent pour arroser de nouvelles terres il détourne son
cours et ne laisse dans l'ancien canal que des sables arides! La
foi ne s'éteindra point, je l'avoue; mais elle n'est attachée à
aucun des lieux qu'elle éclaire; elle laisse derrière elle une affreuse nuit à ceux qui ont méprisé le jour, et elle porte ses ra-
yons à des yeux plus purs! »

Qui peut dire, Nos très-chers Frères, ce que deviendraient
à la longue les nations de l'Europe entièrement séparées du chef
de l'Église? Qui peut savoir dans quelles ténèbres elles s'affais-
seraient, si cette invisible puissance ne les soutenait à leur insu.
dans les hautes régions de la lumière et de la vie? Les nations
hérétiques elles-mêmes ne subsistent que par elle, comme les
plantes, sans le savoir, se nourrissent du soleil perdu pourtant à
d'infinies distances. C'est une grande erreur de penser que le
protestantisme, par exemple, se soutient par une force qui lui soit
inhérente. Disons-le hardiment: ce qui l'empêche de se dissoudre,

[1] Fénélon. *Sermon de l'Épiphanie.*

ce qui souffle dans ses ruines un reste de chaleur ed de vie, c'est l'Église, c'est le Pape. Qui donc ignore, pour peu qu'il ait réfléchi, que l'erreur est impuissante à se soutenir elle-même, et qu'elle vit uniquement des débris de vérité qu'elle garde, et sur lesquels elle appuie, comme elle peut, son irrémédiable caducité? Ni l'erreur, ni le mal ne vivraient une heure seulement, si la vérité et le bien se retiraient tout-à-coup du monde. Quand les vérités déjà tant diminuées parmi les enfants des hommes auront complètement disparu, quand la charité aura cessé d'animer les âmes, le monde aura vu sa fin.

De quoi vivent les peuples protestants depuis trois siècles? Des lambeaux épars du christianisme qu'ils ont retenus; si ces derniers restes échappaient à leurs mains, plus rien ne les arrêterait sur la pente de la barbarie. Et ce peu de vérités tutélaires, il ne faut pas s'y tromper, Nos très-chers Frères, c'est le Pape qui les leur garde. Quelle autre autorité eût maintenu l'intégrité du christianisme dans l'univers? Les sectes n'ont rien de ce qu'il faut pour affirmer et conserver un seul dogme; elles ont dans leur principe de négation et de révolte, ce qu'il faut pour les détruire tous. Si l'Église, dépositaire fidèle, n'eût gardé le trésor intact des vérités chrétiennes, les fragments, retenus par les sectes, bientôt divisés et subdivisés à l'infini, se seraient entièrement anéantis par l'action dissolvante du libre examen; et c'en serait fait aujourd'hui de la civilisation chrétienne.

Nous le savons bien, Nos très-chers Frères, la prospérité apparente de certaines nations protestantes fait illusion à plusieurs. Nos publicistes modernes, avec une satisfaction aussi anti-chrétienne que peu patriotique, préconisent incessamment l'Angleterre et nous la montrant sous de brillantes couleurs: Voyez-donc, disent-ils, si la Papauté est nécessaire à la vraie civilisation. — Oui, certes, elle lui est nécessaire, et l'Angleterre en fournirait, si l'on voulait voir non pas ce qu'on la fait, mais ce qu'elle est, la plus éclatante démonstration. Ce n'est pas nous assurément.

Append. gen. II.   5

Nos très-chers Frères, qui méconnaîtrons la puissance de cette
race et les ressources opulentes de sa nature. Aucune nation ne
reçut des mains de la Providence des dons plus magnifiques : génie profond et austère, amour instinctif de l'ordre et de la loi,
infatigable activité, tout ce qui constitue les grandes races et fait
les peuples immortels ; et pourtant, regardez-la bien : les pures
sources de la vie morale, des nobles sentiments, des dévouements
désintéressés semblent presque taries dans son cœur. Courbée jour
et nuit sur le globe terrestre, elle en dévore les trésors avec une
âpre avidité. Enlacée dans les mille réseaux de son prodigieux né-
goce, elle n'est jamais soulevée au-dessus de la terre par le souffle
divin des hautes pensées et des saints aspirations ! A-t-elle songé,
comme notre généreuse France et la catholique Espagne, à récla-
mer dans la Cochinchine *le sang des martyrs*? A-t-elle battu les
murailles de la Chine pour faire passer par la brèche la croix de
Jésus-Christ ? S'est-elle élancée en Syrie avec notre chevaleresque
empressement pour y venger la civilisation si horriblement atta-
quée? A-t-elle versé généreusement sur les Indes les bienfaits du
christianisme? On dirait de cette nation séparée de l'Église, hors
de laquelle il n'y a point de salut, qu'elle se fait justice à elle-
même, et que déshéritée des espérances de la vie éternelle, elle
s'est concentrée tout entière dans les étroites limites de la matiè-
re et du temps.

Il y a plus encore, Nos très-chers Frères, si les nations séparées du Pape par le schisme ou l'hérésie étaient franchement
logiques ; si elles tiraient, sans hésiter, toutes les conséquences
qui ressortent de leur principe d'insurrection, elles se dissou-
draient inévitablement dans l'anarchie politique. Mais un secret
instinct de conservation les retient sur la pente où elles se sont
lancées ; elles bénéficient des principes catholiques qu'elles ont
répudiés, et, dans la pratique, font le contraire de ce qu'elles
enseignent : semblables à ces prétendus sceptiques qui, malgré
leur doute absolu, se conduisent dans la vie ordinaire comme le

resle des hommes. Toutefois, qu'on ne s'y trompe pas: la logique a des lois inexorables; et, un jour ou l'autre, il faut ou abandonner les principes qu'on a posés, ou arriver à leurs conséquences extrêmes.

Bien de personnes ignorent ou feignent d'ignorer que le lien le plus fort et à parler sévèrement le lien unique des sociétés, c'est l'unité de croyance. Les esprits ne s'unissent cependant que par une foi commune et par les devoirs qui en découlent. Les relations d'affaires, de commerce, de bien-être, de jouissance ne peuvent créer entre les hommes des liens réels, profonds et conformes à leur nature. Tant que nous serons *des intelligences serrées par des organes*, le principe de notre union sera principalement dans l'ordre spirituel. Regardez autour de vous, Nos très-chers Frères, n'est-ce pas par la croyance que les hommes se rapprochent ou se divisent ? Regardez derrière vous: Quelle cause suscita les sanglantes divisions du XVI siècle, et rompit en Europe la société des peuples chrétiens ? La seule opposition des dogmes. En brisant l'unité religieuse, le protestantisme brisa du même coup l'unité politique. Les nations se rangèrent par phalanges selon leurs croyances, et les individus par groupe au sein de chaque nation. On vit alors qu'il ne suffit pas de vivre sous le même climat, de partager les mêmes avantages matériels, d'obéir aux mêmes lois pour être vraiment en société; tant il est vrai que les nœuds de la société véritable sont au fond des âmes dans la communauté d'opinion, de pensées et de doctrine. Or, dans une nation séparée du Pape, qui peut retenir les esprits dans l'unité des mêmes dogmes? Qui peut empêcher les pensées individuelles de s'enfuir en tous sens dans les espaces intellectuels comme des astres errants qui ont perdu leur centre d'attraction ? et par suite, qui peut empêcher les défiances de naître et les inimitiés de surgir? Nos frères séparés l'ont bien compris, et l'un d'entre eux a reconnu que *la suppression de l'autorité du*

Pape a semé dans chaque nation et dans le monde des germes infinis de discorde [1].

Encore si l'anarchie s'arrêtait dans l'ordre intellectuel ! Mais de là elle descend un jour ou l'autre dans le monde des faits et éclate inexorablement sur la place publique. Le désordre des idées n'est que le premier acte d'un drame qui se termine fatalement par le désordre civil et politique ! Qui ne le sait, hélas ! aujourd'hui, Nos très-chers Frères; et à quoi bon, pour confirmer cette thèse par des faits historiques, feuilleter les annales des peuples, quand notre mémoire nous rappelle tant d'exemples contemporains ?

C'est ce qui explique le grand mouvement que nous voyons aujourd'hui dans le protestantisme : les esprits lui échappent par deux routes opposées. Les uns, effrayés de l'abîme qu'il a entr'ouvert, retournent au centre de l'unité catholique; les autres, poussés par ses principes, se jettent dans le rationalisme et la révolution.

Ainsi se prépare cette redoutable lutte de la fin des temps où deux partis seulement seront en présence : ceux qui voudront garder le Christ et son Vicaire, et ceux qui voudront anéantir leur empire.

Sans doute, dit-on, il faut garder la Papauté : il n'y a plus d'ordre possible sans elle. Inclinons-nous toujours avec respect sous cette main paternelle du Vicaire de Jésus-Christ qui bénit et pardonne; mais qu'il fasse à la paix publique le sacrifice de sa puissance temporelle ! Qu'importe à son autorité divine sa possession territoriale? — Ce langage que vous avez entendu plus souvent que nous, Nos très-chers Frères, est proféré par deux sortes de personnes dont les intentions sont bien différentes : les unes cachent sous l'hypocrisie de ce discours leur haine implacable contre la souveraineté spirituelle, qui fait obstacle à leurs

---

[1] Puffendorf, *de Monarchia Pontificis romani*

projets subversifs. Nous les avons démasqués et combattus dans
cette instruction pastorale. Ces hommes, perfidement ennemis de
la religion et de son influence, voudraient dépouiller le Pape de
tout l'éclat extérieur qui rehausse aux yeux du peuple sa dignité
suprême, placer sur sa tête une couronne d'épines, dans ses mains
un roseau, sur ses épaules des lambeaux de pourpre, et le montrant dans cet état aux multitudes leur dire: *Ecce homo* [1] ! Voilà
l'homme que vous écoutez comme l'oracle de Dieu, devant lequel
vous vous inclinez à deux genoux, dont vous baisez respectueuse-
ment le pied. *Ecce homo !*

Les autres ont une certaine bonne foi, mais des vues bornées:
ils aiment la religion, peut-être même ils la pratiquent; mais, ce
qu'ils aiment par-dessus tout, c'est leur repos et leur bien-être:
ils vont répétant sans cesse: *Pax pax !* faisons des sacrifices à la
paix; *et non erat pax* [2] ! et ils ne veulent pas comprendre que la
paix n'est pas possible avec l'injustice et l'impiété, et que si le
Pape est obligé aujourd'hui de sacrifier ses droits légitimes aux
sacrilèges envahisseurs de ses États pour avoir la paix avec eux,
demain on leur demandera à eux-mêmes de faire l'abandon de
leurs propriétés, pour avoir la paix avec ceux qui les convoitent.
En vérité, Nos très-chers Frères, après tout ce qui a été dit sur
cette grande question du Pouvoir temporel des Papes, de son origine, de son antiquité, de sa destination providentielle, ils sont
volontairement aveugles ceux qui ne voient pas que Pie IX, en
défendant les droits imprescriptibles que lui ont transmis, avec
leur autorité spirituelle, ses augustes prédécesseurs, défend la
cause de tous les gouvernements et de la société, la cause sacrée
du droit et de la justice.

Qu'importe à l'autorité divine du souverain Pontife sa possession territoriale ? C'est Bossuet qui va vous le dire, Nos très-

[1] Joan. XIX, 3.
[2] Jérém. VI, 11.

chers Frères. — « Le Siège apostolique possède la souveraineté
de la ville de Rome et de ses États, afin qu'il puisse exercer sa
puissance spirituelle dans l'univers plus librement et en paix.
Nous en félicitons non-seulement le saint-Siège apostolique, mais
encore toute l'Église universelle, et nous souhaitons de toute l'ardeur de nos vœux que ce principe sacré demeure à jamais sain
et sauf en toute manière [1]. » Le plus grand homme de ce siècle,
reprenant cette pensée du dernier des Pères, disait de la puissance des Papes : « Ce sont les siècles qui ont fait cela, et ils l'ont
bien fait. Pour le gouvernement des âmes c'est la meilleure, la
plus bienfaisante institution qu'on puisse imaginer [2]. »

Qui ne voit, en effet, Nos très-chers Frères, qu'il faut au
Pape une indépendance absolue, et que celui qui impose la foi à
deux cents millions d'âmes doit être éminemment, ostensiblement
libre? Si l'indépendance de ses actes et de ses décisions peut
seulement être suspectée, son autorité spirituelle est affaiblie; si
sa liberté est entravée, ce n'est pas lui qu'on opprime ou qu'on
gêne, ce sont toutes les consciences catholiques qu'on fatigue et
qu'on tourmente. Or, dans l'état actuel de la chrétienté, au milieu de ce fractionnement politique d'États indépendants, rivaux
ou ennemis, concevez-vous, Nos très-chers Frères, que le Pape
puisse conserver toute son autorité sur la France, s'il est citoyen
de Vienne, et son autorité sur l'Autriche, s'il est citoyen de
Paris? Comprenez-vous qu'il soit toujours et pleinement indépendant de tout pouvoir humain dans l'exercice de sa mission spirituelle, s'il n'est lui-même souverain temporel? Non, vous ne le
comprenez pas, et cela n'est pas possible. Le Pape sujet, ce serait l'Église asservie; et *Dieu qui aime plus que toute autre chose
en ce monde la liberté de son Église*, ne permettra pas cet immense
malheur! Les droits souverains de Pie IX lui seront donc con-

---

[1] *Défence de la déclaration du Clergé de France*, liv. I, sect. I, ch. 16.
[2] Paroles de Napoléon Ier; *Histoire du Consulat et de l'Empire*.

servés, ou lui seront intégralement rendus : l'œuvre de la Providence, opérée par la main des siècles et cimentée par le bras de la France, ne sera pas anéantie ; la ville éternelle ne descendra pas au rôle de capitale d'un royaume fragile ; elle restera ou redeviendra la capitale du monde catholique !

Ainsi, tout se lient, tout s'enchaîne dans la doctrine de la vérité. On ne peut toucher en un seul point l'ensemble catholique sans briser l'harmonie du tout. Point d'Église sans le Pape : point de société sans l'Église et le Pape ; point d'action possible pour le Pape, point de liberté pour le monde catholique sans la puissance temporelle des Papes.

Voilà la vérité, Nos très-chers Frères, retenez-la fidèlement ; et ne vous laissez pas égarer par ces feuilles malfaisantes et ces écrits perfides, qui tous les jours apportent au sein de vos familles des théories nouvelles, dans lesquelles sont plus ou moins sacrifiés les droits temporels du souverain Pontife.

Elle s'est déplorablement multipliée cette génération mécréante que Bossuet avait vu naître, et que de sa plume éloquente il avait dépeint en ces traits : « Déjà nous ne voyons que trop parmi nous de ces esprits libertins, qui sans savoir ni la religion, ni ses fondements, ni son origine, ni sa suite, *blasphèment ce qu'ils ignorent et se corrompent dans ce qu'ils savent : nuées sans eau,* poursuit l'apôtre saint Jude [1], docteurs sans doctrine, qui pour toute autorité ont leur hardiesse, et pour toute science, leurs décisions précipitées : *arbres deux fois morts et déracinés...... astres errants qui se glorifient dans leurs routes nouvelles et écartées, sans songer qu'il leur faudra bientôt disparaître* [2]. » N'écoutez pas, Nos très-chers Frères, ces hommes ennemis, soit qu'ils montrent à découvert leur hostilité violente, soit que plus habiles et plus dangereux ils cachent leurs desseins sous l'hypocrisie d'une

---

[1] Jud. X, 12.
[2] Discours sur l'unité de l'Église.

modération apparente, et sous le voile trompeur de l'amour de
la religion. Écoutez et méditez ces enseignements que nous avons
la mission et le devoir de vous offrir, et que nous vous présen-
tons. Dieu nous en est témoin, en dehors de toute préoccupation
étrangère à notre ministère surnaturel. En nous écoutant, Nos
très-chers Frères, vous écoutez la voix unanime de tous les
Évêques du monde catholique ; vous écoutez leur bien-aimé chef,
le Vicaire de Jésus-Christ, notre commun père : vous écoutez
Pie IX.....

Pie IX ! Ah ! qui pourrait prononcer sans émotion ce nom de
la douce et noble victime des vicissitudes humaines et de l'ingratitude d'un peuple égaré ! Ce nom déjà célèbre dans l'histoire
de la Papauté par le souvenir des vertus et des douleurs qu'il
rappelle, celui qui l'a choisi non sans un instinct prophétique et
qui le porte si dignement, fixe en ce moment tous les regard du
monde. Les bons l'aiment et l'admirent ; ceux qui se sont faits
gratuitement ses persécuteurs sont forcés de le respecter ; la po-
stérité le bénira. Roi, il fut acclamé avec enthousiasme par un
peuple ivre de joie dont il eut satisfait tous les vœux légitimes,
si une conspiration ourdie avec une infernale habileté lui eût permis d'effectuer complètement ses intentions généreuses : Pontife,
il a veillé avec une incessante sollicitude au maintien de la foi
et des mœurs dans leur pureté évangélique ; il a réjoui la terre
et le ciel en définissant de son infaillible et suprême autorité le
dogme de l'Immaculée Conception de la très-sainte Vierge, mère
de Dieu. Dans la bonne comme dans la mauvaise fortune, au milieu des splendeurs de sa cour et dans les tristesses de l'exil, il
fut toujours d'une dignité modeste, libéral aux pauvres, affable
aux petits et bienveillant pour tous. A ces belles qualités de sa
riche nature l'adversité a surajouté ce je ne sais quoi d'achevé
et de parfait que le malheur donne même à la vertu. Les épreuves qui fondent de tous côtés et s'appesantissent sur son âme
ne peuvent désoler sa patience ; l'ingratitude est impuissante à

décourager son amour, la trahison à faire naître dans son cœur
un désir de vengeance. Dépouillé d'une partie de ses états par la
plus indigne agression, il proteste avec une invincible constance;
dénué des ressources les plus indispensables, il refuse les trésors
qui compromettraient son indépendance, et reçoit avec dignité
l'offrande libre et volontaire de la piété filiale; persécuté, il bénit et il pardonne; menacé d'une entière spoliation, il prie, il
espère, il attend.

Avec lui espérez et priez, Nos très-chers Frères et attendez
dans la confiance et la paix de vos âmes que Dieu vengeur des
droits de son Église, *Ecclesiae vindez opportunus*, intervienne à
l'heure qu'il a fixée dans les conseils miséricordieux de sa sagesse.

Les exercices sanctifiants du Carême s'ouvrent, cet année,
Nos très-chers Frères, au milieu de circonstances, qui vous prê-
chent éloquemment la pénitence et le retour à Dieu. Si la bonté
paternelle du souverain Pontife nous permet d'adoucir en votre
faveur les salutaires observances de l'ancienne discipline, vous
suppléerez à ce qui manquerait à vos mortifications corporelles
par l'abondance de vos prières et de vos aumônes. *La prière avec
le jeûne et l'aumône*, dit l'Esprit Saint, *vaut mieux que les trésors
entassés: car l'aumône nous délivre de la mort, purifie nos consciences de la tache du péché, et nous procure la miséricorde de
Dieu et la vie éternelle* [1].

A ces causes, après en avoir conféré avec nos vénérables et
très-chers Frères les Chanoines et Chapitre de notre insigne Église
cathédrale, nous avons ordonné et ordonnons ce qui suit:

ARTICLE PREMIER.

Jusqu'à nouvel ordre, tous les Prêtres continueront à ajouter
aux oraisons de la sainte Messe les oraisons pro *Papa*. Quand la

---

[1] Tob. XII, 8, 9.

rubrique prescrira l'oraison *contra persecutores Ecclesiae* ou l'oraison *pro Papa*, ils diront l'une ou l'autre seulement.

Art. 2.

Pendant le Carême, à toutes les bénédictions du Saint Sacrement, on chantera, avant le *Tantum ergo*, trois fois *Parce, Domine, etc.*, l'antienne *Da pacem, Domine, etc.*, trois fois *Regina sine
labe concepta, ora pro nobis*; une fois, les invocations : *Sancte
Petre, ora pro nobis; Sancte Paule, ora pro nobis; Omnes Sancti
et Sanctae Dei, intercedite pro nobis*.

On ajoutera à l'oraison du Saint Sacrement, l'oraison *pro Papa
sub eadem conclusione*. L'antienne *Pro pace*, et les invocations
précitées ainsi que l'oraison *pro Papa* seront chantées à tous les
Saluts, même après Pâques, jusqu'à ce qu'il soit autrement
ordonné.

Art. 3.

Nous recommandons aux Fidèles de notre Diocèse de sanctifier
le temps du Carême, et de se préparer à l'accomplissement du
devoir pascal par l'assiduité aux offices de l'Église et aux instructions, par la fuite des occasions du péché et la pratique des
bonnes œuvres.

Art. 4.

Nous invitons instamment Nos très-chers Coopérateurs à donner
ou à faire donner à leurs Paroissiens *deux instructions* par semaine outre celles du dimanche. Ils pourront terminer ces deux exercices par la bénédiction du Très-saint Sacrement. Nous verrions
avec plaisir qu'ils se concertassent avec leurs confrères voisins
pour ces instructions et pour les confessions.

Renouvelant les prescriptions et les défenses contenues dans le Mandement de notre vénérable Prédécesseur pour le Carême de 1859, nous voulons que les Curés donnent à leurs Paroissiens toute la liberté possible pour la confession.

ART. 5.

En vertu de l'Indult de notre Saint Père le Pape, en date du 30 Octobre 1857, et à raison de l'usage et des besoins particuliers de notre Diocèse, le temps fixé pour la Communion pascale commencera le premier Dimanche de Carême, et finira le dimanche de *Quasimodo.*

Cependant, comme de nombreux ouvriers ont coutume de sortir du Diocèse avant le temps marqué pour l'accomplissement du devoir pascal, pour aller travailler dans les autres provinces, nous leur permettons de satisfaire à ce devoir avant de partir.

ART. 6.

Nous rappelons à tous les Fidèles de notre Diocèse, qu'ils sont obligés de s'abstenir d'aliments gras depuis le Mercredi des Cendres jusqu'au Samedi-Saint inclusivement, et à ceux qui ont vingt-un ans accomplis et qui n'ont pas de raison légitime de dispense, qu'ils doivent jeûner tout ce temps-là, les Dimanches exceptés.

ART. 7.

Cependant, en vertu des pouvoirs accordés par le Souverain Pontife, par un indult spécial, les Fidèles pourront être dispensés de l'abstinence par leurs Pasteurs, et user ainsi d'aliments gras au repas principal seulement, les Lundi, Mardi et Jeudi; le dimanche des Rameaux inclusivement.

Ceux qui, par une raison légitime, ne sont pas obligés au
joûne, pourront user de la dispense du maigre à tous les repas,
le quatre jours ci-dessus indiqués. Cette dispense s'étend aux personnes reçues dans la famille où elle est accordée : elle n'emporte
point la dispense du jeûne. L'usage de la viande et du poisson,
au même repas, est défendu.

Nous permettons aussi l'usage des œufs jusqu'au Jeudi-Saint
exclusivement, et, à la collation, l'usage du lait et du beurre ;
cette permission s'étend à tous les jours de jeûne de l'année, à
l'exception des trois derniers jours de la Semaine sainte.

Art. 8.

Les personnes qui auront obtenu les dispenses ci-dessus, seront obligées, *a fin de les rendre légitimes*, de faire une aumône
pour elles et pour chacun des membres de leurs familles qui
voudra en user. MM. les Curés et Confesseurs expliqueront à leurs
paroissiens et pénitents la raison de cette compensation qui est
obligatoire, et doit être proportionnée aux ressources. Ces aumônes
seront remises à MM. les Curés, et seront transmises par eux au
Secrétariat de l'Évêché : elle seront employées religieusement pour
les œuvres diocésaines.

Art. 9.

Nous *ordonnons* à MM. les Curés de faire *par eux-même ou
par leurs vicaires* la quête accoutumée le jour de Pâques et le
jour de Noël, *à toutes les Messes et aux Vêpres*. Cette quête sera
annoncée et vivement recommandée le Dimanche précédent. Aucune autre quête ne pourra être faite à l'Église ces jours-là. Le
produit, distinct de l'offrande exigée par l'Article précédent, sera
envoyé au Secrétariat de l'Évêché, et il en sera tenu note exacte-

ment. *Notre intention est de faire dresser un état des quêtes pour nos Séminaires, qui sera imprimé et publié chaque année.*

Et sera notre présent Mandement lu et publié au prône de la Messe paroissiale dans toutes les Églises des paroisses et dans les Chapelles des communautés religieuses, Séminaires, Collèges, Prisons, le Dimanche de la Quinquagésime, et le premier Dimanche de Carême.

Donné à Limoges, sous notre seing, notre sceau et le contreseing du Secrétaire général de l'Évêché, le Samedi 2 Février de l'an de grâce 1861, en la fête de la Purification de la bienheureuse Vierge Marie.

☩ Félix-Pierre, *Évêque de Limoges*

Par Mandement

A. Vallux, *Chan. hon. Secret. gén.*

MONTEFIASCONE NEGLI STATI PONTIFICII

(Diocesi immed. soggetta alla S. Sede)

IL VESCOVO DI MONTEFIASCONE

AL SOVRANO PONTEFICE

BEATISSIMO PADRE,

Prostrato al bacio de' santissimi piedi oso offrire a Vostra Beatitudine l'obolo di nuovo raccolto in questa mia Diocesi in scudi cento trenta, e supplico la somma di Lei bontà a non guardare la tenuità dell'offerta, ma la causa onde deriva, ch'è la profonda devozione e l'intimo attaccamento mio, e di questo popolo alla vostra augusta Persona ed alla santa Sede.

In questa seconda colletta figura specialmente la Terra delle Grotte di Castro, la quale non avendo pronta la sua rata, quando l'altra volta fu umiliato a Vostra Santità l'obolo di questa Diocesi, mi ha ora trasmessi scudi ottanta, ed un paio fibbie di argento donate da un Curato di Campagna, il prezzo delle quali è stato unito all'enunciata somma.

Sia persuasa poi Vostra Santità che io, questo Clero e popolo meravigliati, come lo è il mondo tutto, della vostra prodigiosa fortezza e costanza nel difendere i diritti della Sede apostolica e della Religione, alziamo incessantemente voti all'Altissimo, non solo perchè presto avveri il presentimento, che tutti abbiamo, del vostro imminente trionfo, ma perch'Egli, il quale vi salvò con un miracolo il 12 Aprile 1855 e che vi ha non ha guari liberato da qualche incomodo di salute, conservi per lunghissimi anni la vostra preziosa esistenza in seno alla pace ed alla prosperità d'ogni cosa.

Degnatevi, Beatissimo Padre, confortarci in questi voti e in queste preghiere coll'apostolica vostra Benedizione.

Di Vostra Beatitudine,

Montefiascone. 15 Aprile 1861.

Umilissimo, devotissimo, obbligatissimo Suddito
✠ LUIGI, *Vescovo di Montefiascone*

MONTPELLIER IN FRANCIA

(Provincia eccles. di Avignone)

IL VESCOVO DI MONTPELLIER

AL CLERO E AI FEDELI DELLA SUA DIOCESI

FRANÇOIS JOSEPH LE COURTIER

PAR LA GRACE DE DIEU ET L'AUTORITÉ DU SAINT-SIÈGE APOSTOLIQUE,
ÉVÊQUE DE MONTPELLIER,

*Au Clergé et aux Fidèles de nostre Diocèse, Salut
et Bénédiction en Notre Seigneur Jésus-Christ.*

Par son Mandement du 10 Novembre 1860, Notre vénérable
Prédécesseur a fait appel, Nos très-chers Frères, à votre piété et
votre dévouement envers le saint-Siège. Il sollicitait vos prières
ferventes, vos aumônes spontanées, pour consoler et adoucir les
douloureuses nécessités du Chef auguste de l'Église.

Sa parole pleine de zèle et de force retentit encore à votre
cœur. Vous vous rappelez comme elle publiait l'honneur du *droit
des gens*, qui n'est autre que le droit de la justice et de la probité.

Vous vous rappelez aussi avec quelle sagesse la voix de votre Pasteur justifiait la liberté de vos offrandes, quand il ordonna

des quêtes qui n'opèrent, certes, aucune pression ; quand il établissait ces troncs du *Denier de Saint-Pierre*, ces troncs, solliciteurs discrets et polis, *qui parlent à tous en général, sans parler à personne en particulier*, dépositaires aimables et confiants qui acceptent tout avec une grâce égale, l'or du riche et l'obole de l'ouvrier.

Devenu votre Évêque, il nous tardait, Nos très-chers Frères, de payer, à notre tour, une dette de respectueuse affection envers notre Père commun ; il nous tardait, d'unir, sur ce point, notre voix à celle de l'Épiscopal tout entier.

Dans notre première Lettre pastorale, nous avons confessé notre foi envers l'autorité du saint-Siège apostolique ; dans ce premier Mandement, nous venons faire profession de notre sympathie filiale aux douleurs du Pontife souverain ; nous venons solliciter pour lui des prières continuées avec ferveur, des secours offerts avec la plus respectueuse délicatesse.

Oui, prions, Nos très-chers Frères, prions pour Notre Saint Père le Pape. La prière est toute-puissante, elle a ses entrées libres dans le ciel où *elle pénètre*. Solliciteuse privilégiée, elle ne s'émeut pas des lenteurs, elle ne se déconcerte pas des refus, et *elle ne quitte la place* que lorsqu'elle a obtenu un regard favorable [1].

Toute-puissante au ciel, la prière l'est également sur la terre ; le plus souvent les grandes combinaisons de la politique reçoivent une résolution favorable de la prière silencieuse et d'une humble supplication ; les hommes s'agitent, et un cri poussé vers le Seigneur les mène où il ne pensaient pas aller.

Mais ne l'oubliez pas, Nos très-chers Frères, pour que nos prières soient agréables à Dieu, pour qu'elles méritent d'être exaucées, il faut qu'elles partent d'un cœur calme, humble, soumis, résigné. L'agitation, l'effervescence, l'aigreur, on arrêtent

---

[1] Eccli. XXXV.

le succès. Il faut prendre garde, dit saint Jacques, que la langue
qui bénit Dieu ne serve pas à maudire les hommes, et que de la
même bouche ne procède la bénédiction et la malédiction ; il ne
faut pas, chers Frères, qu'il en soit ainsi : *Non oportet, fratres
mei, haec ita fieri* [1]. Est-ce que du même jet d'une source, continue l'Apôtre, coule l'eau douce et l'eau amère ? Que votre sagesse et votre amour de la discipline se montrent dans la mansuétude d'un cœur sage. Mais si vous avez un zèle d'amertume,
si des contentions orageuses bouleversent votre âme, ne vous en
glorifiez pas, ne vous faites pas illusion contre la vérité. Cette sagesse bruyante n'est pas d'en-haut, elle est de la terre, elle tient
de ses intérêts. — La sagesse d'en-haut, c'est toujours l'Apôtre
qui parle, est pacifique, modeste, usant de persuasion, pleine de
miséricorde et de bons fruits. Elle n'aime pas à juger ses frères,
elle est sans dissimulation, et le fruit de la justice a toujours été
semé dans la paix.

Élevons donc avec confiance nos yeux vers le ciel, dans ces
pressants besoins de la sainte Église ; mais ne les abaissons pas
sur la terre avec irritation.

Le ciel est le trône de Dieu, aussi bien la terre est le marche-
pied de ce trône ; et si sur les degrés s'agite l'injustice, demeurons
dans notre espérance et dans notre paix, sachant que Dieu fait tout
ce qu'il veut au ciel et sur la terre : *Omnia quaecumque voluit fecit
Dominus in coelo et in terra* [2]. Et encore : *Notre secours est dans
le nom du Seigneur qui a fait le ciel et la terre* [3]. Oh ! que je
voudrais, Nos très-chers Frères, qu'une sainte et délicieuse fu-
sion s'opérât entre le pasteur et le troupeau ! Laissez-moi prendre
quelque chose de votre générosité, de votre ardeur pour le bien,
de ce feu qui vous anime, et qui est si bon quand il est réglé.
Vous, prenez beaucoup du calme et de la paix, de la mansuétude

---

[1] Jac. III.
[2] Psalm. CXXXIV.
[3] Psalm. CXXIII.

et de la confiance du Pasteur : tous ces éléments, chrétiennement combinés, donneront le résultat d'un cœur vraiment catholique.

Mais qui suis-je, Nos très-chers Frères, moi, le dernier arrivé dans la maison de Dieu, pour me donner en exemple? Ah! que j'ai un bien plus digne modèle à vous proposer! Levez les yeux vers la haute mer; voyez, sur la barque de Pierre battue par les flots, ce pilote, ce père qui tient le gouvernail de l'Église. Il n'y a qu'une voix dans le monde chrétien pour dire la sérénité de son âme reflétée sur ses traits pleins de douceur, sa paix, sa soumission au milieu de la tempête, sa confiance inaltérable en Celui qui ramène d'un mot la tranquillité. Il est si calme, ce Pontife, ce Père bien-aimé, qu'on s'étonne qu'il ne perde rien de sa mansuétude et de sa grâce au milieu des anxiétés le plus amères. Fidèles, voilà le Vicaire de Jésus-Christ, voilà notre modèle à tous.

A la prière pour le Pape et les besoins de l'Église, nous joindrons l'aumône pour subvenir aux nécessités du saint-Siège.

L'aumône! que ce mot est dur et pénible quand il s'agit d'un Père et du Père de tous les Fidèles! Donnons-lui bien vite son sens véritable, appelons cette aumône, ce denier de Saint Pierre, une dette sacrée de notre affection et de notre reconnaissance.

Si la charité a trouvé des tours si ingénieux, si délicats pour faire arriver le secours au *pauvre honteux*, le respect épuisera ses formes pour faire agréer et pour déposer dans le cœur du Souverain Pontife l'hommage que nous voulons rendre à la dignité de ses malheurs, à l'éclat de ses vertus.

Et cette dette, qu'elle a été noblement payée, cette année, Nos très-chers Frères! Soixante-treize mille huit cents francs ont été déposés humblement aux pieds de Sa Sainteté Pie IX. Ce chiffre est digne du diocèse de Montpellier.

Vous ne voudrez pas qu'il diminue sous votre nouveau Pasteur; vous entendrez les accents de sa piété en faveur de celui qui porte la triple couronne de l'autorité, de la vertu et du malheur.

Vous élèverez même ce chiffre, s'il est possible ; et, pour vous y exhorter, nous ne pouvons mieux faire que de vous traduire avec respect les paroles du Souverain Pontife dans le dernier Consistoire.

Ne vous étonnez pas de l'humilité de ces paroles, celui qui fait entendre sa voix est le serviteur des serviteurs de Dieu.

« En rendant de très-grandes actions de grâces, dans l'hu-
« milité de notre cœur, au Dieu de toute consolation, qui dai-
« gne adoucir, consoler et soutenir nos angoisses si cruelles, par
« l'insigne piété et largesse des Évêques et des peuples fidèles,
« nous nous réjouissons de publier hautement et d'attester de
« nouveau les sentiments de notre âme très-reconnaissante envers
« ces mêmes Évêques et peuples fidèles : *puisque c'est unique-
« ment par leur soutien et leur secours que nous pouvons suffire
« aux charges très-grandes du saint-Siège, charges qui s'augmen-
« tent de jour en jour.* »

A ces causes, et après en avoir conféré avec nos vénérables Frères les Doyen, Chanoines et Chapitre de notre Église Cathédrale, nous avons ordonné et ordonnons ce qui suit :

ARTICLE PREMIER.

Toutes les fois que l'on donnera la bénédiction du Saint Sacrement, on chantera, dans le corps du Salut, l'antienne *Sub tuum*, et l'oraison *Concede nos* sera immédiatement suivie de l'oraison pour le Pape : *Deus, omnium fidelium pastor.*

ART. 2.

Les Prêtres continueront de dire à la Messe les oraisons pour le Souverain Pontife, excepté dans les fêtes de 1re et de 2e classe.

Les Fidèles sont exhortés à réciter chaque jour un *Pater* et un *Ave* à la même intention.

ART. 3.

Des quêtes seront faites, chaque année, dans toutes les églises et chapelles de notre Diocèse, en faveur des nécessités qu'éprouve le saint-Siège. Nous nous réservons d'indiquer le moment où ces quêtes devront cesser.

Elles auront lieu le troisième dimanche de l'Avent et le saint jour de Noël; le premier et le dernier Dimanche du mois de Mai.

Elles seront annoncées au prône des Messes de paroisse le Dimanche qui les précédera immédiatement.

ART. 4.

Dans toutes les églises et chapelles de notre Diocèse un tronc sera placé près de la porte d'entrée, avec cette inscription : *Pour le Denier de Saint-Pierre.*

Ce tronc sera à deux clefs, dont l'une restera entre les mains du Curé ou Chapelain, l'autre dans celle du Trésorier de la Fabrique ou de la personne qui préside à la Communauté.

ART. 5.

Afin que les fonds arrivent plus promptement à leur auguste destination, le produit des quêtes et des troncs sera envoyé à notre Secrétariat dans les premiers jours de Janvier et de Juin.

ART. 6.

Le compte-rendu des sommes recueillies jusqu'ici et transmises au Souverain Pontife est et demeure publié; il est annexé à notre présent Mandement.

ART. 7.

Toute disposition antérieure contraire au présent dispositif est abrogée.

ART. 8.

Nous exhortons MM. les Curés et Aumôniers à déployer en cette circonstance tout le zèle que nous avons le droit d'attendre de leur dévouement au saint-Siège.

Et sera notre présent Mandement lu et publié le Dimanche qui en suivra immédiatement la réception, au prône de toutes les Églises paroissiales, ainsi que dans les chapelles des Séminaires, monastères, communautés, hôpitaux, Colléges, Confréries et maisons de détention de notre Diocèse.

Donné à Montpellier, en notre Palais épiscopal, sous notre seing, le sceau de nos armes, et le contre-seing du Secrétaire-général de notre Évêché, le quatre Novembre de l'an de grâce mil huit cent soixante et un.

✠ FRANÇOIS, *Évêque de Montpellier*

Par Mandement de Monseigneur
BONNOL, Chan. Secr. gén.

L'EPISCOPATO DEL REGNO DI NAPOLI

AL SOVRANO PONTEFICE

BEATISSIMO PADRE,

La Epifania nel più eminente modo è la festa del Papato e dell'Episcopato cattolico; perciocchè il santo Bambino Gesù degnandosi di chiamare a sè le primizie delle Nazioni in persona dei Magi, i quali obbediscono al segnale della Stella di lui prodigiosamente apparsa nel Cielo, gitta le fondamenta di quell'Apostolato divino che formava poi l'oggetto di tante sue cure, durante il tempo di sua vita pubblica; e cui non volle ascendere al cielo senza aver pria completato. « Andate ed instruite tutte le Nazioni [1] » fu l'ultimo comandamento del divino Maestro agli undici Discepoli, Capo de' quali aveva già costituito Pietro, colla prerogativa della Infallibilità per confermarli nella fede e moderarne l'Apostolato nel mondo universo [2]. Istituzione sorprendente e fino allora inudita tra gli uomini, che disdegnando i saggi del gentilesimo di comunicare alla folla i loro pensieri e le credenze loro, il Sacerdote degl'Idoli non sortiva dal suo tempio, il filosofo dalla sua scuola, odiandosi il volgo profano: e d'altronde ciechi essi stessi, come

[1] Matth. XXVIII, 19. — Marc. XVI, 15.
[2] Luc. XXII, 32. — Ioan. XXI, 15.

avrebbero potuto farsi guida dei ciechi abitanti nelle tenebre e
nelle ombre di morte? La verità sola ha dritto di comandare alle
intelligenze nel mondo universo: ora chi è la verità cioè l'affermazione sostanziale se non Colui che è *qui est* [1], Gesù Cristo
Signor Nostro, Dio vero da Dio vero? Ed i Discepoli ubbidienti
vanno ad insegnare agl'individui non solo, ma alle Nazioni già
costituite le verità da credersi e le virtù da praticarsi per sfug-
gire la condanna del giudice supremo, cui il Padre divino « ha
data ogni potestà in cielo ed in terra [2] ». Apostolato cattolico
che continuato da Pietro vivente ne' suoi Successori, i Papi, e
dagli Apostoli, viventi nella persona dei Vescovi, ha rinnovato
ancora la faccia della terra sostituendo alla civiltà pagana la civiltà cristiana.

Ora appunto in questo santo giorno dell'Epifania è che noi
Arcivescovi e Vescovi Napolitani, formanti parte di siffatto mirabile
Apostolato, sentiamo il bisogno coscienzioso di presentarci a' piedi
vostri, Beatissimo Padre, affine di darvi pubblica e solenne testimonianza della completa adesione agl'insegnamenti vostri, ed insieme protestare, per quanto è in noi, contro quella setta di perdizione, surta in mezzo alla cristiana Europa e diffusa ormai in
questa disgraziata Italia nostra, la quale fa l'estremo di sua possa
per annientare, se fosse possibile, siffatta istituzione divina, alla
umana società così indispensabile.

Per fermo quella setta, ispirandosi alle serpentine arti del suo
padre Satanno, pone nel mendacio il suo nerbo e la sua speranza [3], ed a nome della ragione e di una scienza che si crede profonda, si separa dal Dio de' cattolici, personale, indipendente,
creatore del mondo e dell'uomo: ma non volendo sembrare empia
si sogna un Dio astratto di sua invenzione, che non ò so non

---

[1] Exod. III, 14. — Ioan. I, 12; XIV, 6.
[2] Matth. Marc. cit. — II. Cor. V, 10.
[3] Isai. XXVIII, 15.

l'uomo stesso, cioè un Dio che nulla vuole e nulla comanda. Quindi distinguendo i dommi dalla morale, dichiara quelli indifferenti ed inutili: dal che deduce i suoi novelli principii della libertà di coscienza e del culti, della legge atea, dello stato che non si confessa, ed altrettali bestemmie formolate a' dì nostri; ed arriva financo a pubblicare per le stampe la sua speranza, che tra non molto vedrassi sotto la stessa tenda assisi ad uno stesso banchetto il Cinese, l'Ebreo, il Cristiano ed il Turco. Intanto si alleggia da generosa verso la Chiesa cattolica; e le accorda volentieri la prerogativa della infallibilità nella materia dei dommi, che essa non riconosce, a condizione che valga tal privilegio come un brevetto d'incapacità in ogni altra materia riguardante la Società e la morale. E di questa morale, cui costoro traggono da una scienza che gonfia, e chiamano perciò naturale, si proclamano da sè stessi gli Apostoli; ed applicandola alla società, quasi già fossero gl'iddii scienti il bene ed il male [1], formolano quella che loro piace di chiamare civiltà, ma moderna. Che se il compito della Chiesa insegnante va ristretto a soli dommi, materia per essi superflua ed inutile, chi non vede come per essi tale ancora debba essere la Chiesa? Di che il disprezzo a piene mani sparso sopra quanto sappia di Chiesa; colla quale credono finanche non essere della dignità dello Stato il mantenere i patti e concordia giurati. E perciocchè si è facilmente inclinato a voler distrutto ciò che si è avvezzo a disprezzar come inutile, si comprende volentieri la costoro smania per minar dalle basi la Chiesa e toglierle la esistenza morale. Laonde sapendo eglino che la Chiesa, sebbene sia indiritta a reggere gli spiriti per avviarli ad una vita soprannaturale ed eterna, pure è di sua natura una società essenzialmente temporale, epperò non può passarsi de' beni temporali, come l'anima ha bisogno del corpo; appunto de' beni temporali cercano spogliarla ora sotto il pretesto di una più equa ripartizione, ora di una necessaria

[1] Gen. III, 5.

Append. gen. II. 3

secolarizzazione, e spesso ancora direttamente Incamerandoli : ma ciò sempre a nome della civiltà moderna, dell'ordine morale, e fingendo di volerla perfezionata, sublimandola alla celeste sfera del domma. Intanto le si toglie la facoltà di reclutare le sue spirituali milizie col suo doppio Clero ; e si proclamano estinte le famiglie Religiose che rappresentano la perfezione della morale evangelica ; e si profanano i Luoghi santi, e si disperdono le pietre del Santuario ; in una parola la si vuole senza autonomia, incatenata al carro dello Stato, di cui si formano il concetto più strano ; quasi fosse la continuazione del *dirus Caesar Imperator*, il quale non aveva bisogno di aver ragione per farsi obbedire. E perciocchè secondo la giustissima frase di un eminente uomo di Stato (benchè non cattolico) [1] « Il fatto del Papa Re non è tutta la fede cattolica, ma è la Chiesa cattolica essa stessa », la quale senza di esso non potrebbe mostrarsi qual'è, una società indipendente ed autonoma ; qual maraviglia che gli ammiratori della civiltà moderna la vogliano per sempre finita con Roma e col Dominio temporale del Papa ?

Ma il Signor Dio confonde i disegni de' superbi, i quali come altra volta i saggi di Egitto « ormai sono diventati stolti : Il Signore ha diffuso in mezzo a loro lo spirito di vertigine..... e non fanno ormai opera in cui si distingua il capo o la coda [2]. » Per lo che i popoli i quali erano prostrati in un dubbio affannoso pel rozzar di tanti erronei principii, sparsi da costoro senza misura nella società, per mezzo di una stampa compra e sbrigliata ; gli uomini stessi non cattolici di buona condotta, ma tentennanti circa la fede, alla forza de' principii ormai si riscuotono ; e rivolti altrove silenti si afferrano a quell'unica àncora di salvezza che loro si presenta. E questa oggi, come sempre, è il Papato, il quale regola l'Apostolato cattolico.

[1] Guizot. *Eglise et Société Chrétiennes, en 1861*, pag. 75.
[2] Isai. XIX. 11, 13.

Che sì, Beatissimo Padre : se il dubbio, è il cangro che rode la società moderna, benedetto sia Iddio Padre di ogni consolazione, il quale dalla tribolazione presente della Chiesa insegnante sa trarre il rimedio acconcio ed efficace a sanare. Da cotesta indefettibile cattedra di verità, dalla bocca del Vicario di Colui che è l'affermazione per essenza, dal Maestro infallibile delle Nazioni si è pronunziata l'affermazione netta, recisa come la verità: non licet, non possumus, e la eco per la voce di pressocchè novecento Vescovi si è propagata quanto il moto lontana ; e nella coscienza de' credenti al tormento del dubbio è succeduta la pace che accompagna sempre la certezza dell'adempimento del proprio dovere.

Noi dunque a sempre più confermarla seguiremo ad insegnare coi Padri del Concilio quarto ecumenico, che « è Pietro, il quale parla per bocca del Papa [1] : epperò se il Papa afferma il dogma : è Pietro che annunzia la Divinità del Gesù risorto [2] » ; se afferma la morale « è Pietro che comanda di astenersi dalla fornicazione e dal suffocato [3] » ; e se riprova e condanna « è Pietro che punisce di morte sublanea i bugiardi coniugi Anania e Saffira [4]. » Quindi se tutti, e Pastori e greggia, abbiamo seguito Voi, Beatissimo Padre, « allorchè affermaste il dogma della Immacolata Concezione [5], » tutti egualmente vi seguiamo ora che dichiarate « la civiltà moderna quasi un sistema inventato all'uopo dal razionalismo per indebolire, o forse anche per abbattere la Chiesa di Gesù Cristo [6] » o tutti ripetiamo con Voi, Padre Santo, « essere il Dominio temporale alla Indipendenza della Chiesa necessario ; ed i spogliatori dei beni e dei dritti della Chiesa, insieme con Voi e colla Chiesa di tutti i tempi condanniamo ed anatemizziamo [7]. »

[1] Petrus per Leonem loquutus est.
[2] Actor. II, 38.
[3] Actor. XV, 20.
[4] Actor. V, 5, 10.
[5] In Bulla Ineffabilis Deus, IV idus Decembris 1854.
[6] Allocuz. 18 Marzo 1861.
[7] Nelle rispettive Allocuz. precedenti

Non sarà mai, Beatissimo Padre, che l'Episcopato si discosti da cotesta Cattedra apostolica; e sminuendo le verità consenta all'annientamento dell'Apostolato cattolico, restringendo il Regno del Cristo, come costoro pretendono, ad un angolo di sacrestia. A Gesù Cristo Signor Nostro qual divino « Ristoratore di ogni cosa in Cielo ed in terra [1] », sono state concedute dal suo Padre divino in eredità le Nazioni al dir del Profeta [2]; ed i Re delle Nazioni innanzi a Lui in questo giorno s'incurvano [3]; e per insegnare alle Nazioni instituiva Egli l'Apostolato; che però dovrà durare finchè le Nazioni perdurano, cioè fino alla consummazione de' secoli [4]. Laonde l'Episcopato cattolico, con a capo il Papa, fedele alla missione ricevuta dal suo divino Fondatore [5]; certo di avere a suo maestro il promessogli Spirito Paraclito che gl'insegna ogni verità [6], seguirà ad insegnare, qual per i diciannovo secoli scorsi, così agl'individui che alle Nazioni, come il domma così il Decalogo, e le verità sociali che da esso discendono; acciò i Figliuoli del Calvario seguano a distinguere la libertà vera dalla licenza o la rivolta [7]; l'autorità cristiana che nell'origine è divina [8], nell'esercizio è paterna [9], nello scopo è devota fino al sacrificio di sè stessa [10]; dall'autorità pagana per origine democratica, nell'esercizio dispotica, nello scopo egoistica: e distinguano la fraternità sovrannaturale fondata nella carità, e conquistata a noi dal « Primogenito che diè la vita a pro dei suoi fratelli [11] »; dalla fraternità naturale, alla pagana, fondata nel predominio della forza quale in

[1] Ad Ephes. I, 10.
[2] Psalm. II, 8.
[3] Matth. II, 11.
[4] Matth. XXVIII, 19.
[5] Ioan. XX, 21.
[6] Ioan. XVI, 13.
[7] I. Petr. II, 16. — II. Petr. II, 10, 18
[8] Ad Rom. XIII, 1. — I. Cor. XI, 3.
[9] Matth. XX, 15. — V, 18.
[10] Matth. loc. cit.
[11] Ad Rom. VIII.

Remo ed in Romolo : ed in questo secolo d'interessi materiali seguano a discernere la economia cristiana fondata nell'assistenza e nel risparmio, che conserva le sustanze e le profonde ne' poveri; dalla economia pagana fondata nel lusso che divora e molte capo allo spaventevole pauperismo. In una parola associato alla Beatitudine Vostra seguirà ad insegnare quella civiltà cristiana, la quale sebbene sia primamente diretta alla conquista del Regno de' Cieli, pur tuttavia arreca ogni possibile immegliamento alle cose di quaggiù [1]; che essa quasi un fiume reale sgorgando a' piè del Golgota, e diretto dall'Apostolato cattolico con a capo il Papa da diciannove secoli, ha inaffiata e rinnovata la faccia della terra ; e costituisce anche oggi la superiorità sociale dell'Occidente cristiano sopra l'Oriente pagano: giacchè migliori cittadini della patria terrestre diventano sempre coloro che sono meglio educati per la cittadinanza del Cielo.

Sappiamo ben noi, Beatissimo Padre, che per la Chiesa insegnante, specialmente in Italia, i giorni sono mali, anzi pessimi ; e veruno meglio il sente che l'Episcopato Napolitano: nel quale per opra appunto degli uomini di perdizione altri subiscono la prova dell'esilio, altri del carcere, o domicilio forzoso ; altri fatti segno al più sacrilego assassinio, o esposti al maggior pericolo di vita, altri o sono più che sessanta, son mantenuti lontani dalle proprie Diocesi, raminghi, angustiati, afflitti, pressochè mendichi, privati di ogni ecclesiastico reddito, fatti tutti segnale di contradizione e dileggio.

Ma pure noi alziamo gli occhi a quella santa Città collocata sulla vetta de' monti, « alla quale fa d'uopo che ogni fedele convenga [2] ». a Roma ; e vediamo la Santità Vostra, che, mirabilmente conforme all'Immagine del Figliuolo di Dio, tutto sorbisce l'amarissimo calice della passione, ed intrepido risponde all'attonito

[1] Matth. VI. 33.
[2] S. Ireneo.

62 APPENDICE GENERALE SECONDA.

universo : « Conosco ben io cui servo e cui mi sono fidato ; e sono
certo che Egli è potente a conservare il deposito delle mie fatiche e
dei patimenti miei fino a quella giornata in che renderà a ciascuno
la mercede [1]. » Ora diciamo noi : il Dio del grande Pio IX non
è forse il nostro Dio, il quale « allorchè vuole concede a' degni
la vittoria [2] ? e la Stella che guida i passi di Lui non è pure la
nostra Stella, cioè la Vergine Immacolata Maria, ausilio potentis-
simo? e non seguirà per la Chiesa dopo la tribolazione il trionfo?
Sì : la vittoria futura è scritta nella storia di diciannove secoli passati. Laonde noi poggiati nelle divine promesse, e fidenti nell'ausilio che ci viene dall'alto, abbiamo fiducia, che l'Episcopato Italiano, unanime e stretto intorno alla Santità Vostra, continuerà a
presentare agli occhi del mondo e degli Angeli lo stupendo spet-
tacolo di quella santa Legione Tebana, la quale come fu costante
nella obbedienza passiva verso di Cesare, così a costo di sua vita
fu invincibile nel difendere l'onore di Gesù Cristo, Dio e Patrone
anche di Cesare.

Intanto a conferma di sì salutare speranza discenda, Beatissimo Padre, la vostra santa apostolica Benedizione su di noi, che
in spirito genuflessi ci accostiamo al bacio del piede, e riverenti
ci soscriviamo,

Di Vostra Beatitudine,

Napoli, nel santo giorno dell'Epifania del 1862.

Umilissimi, ossequentissimi, obbidientissimi Figli in G. C.

✠ Sisto *Cardinale* Riario Sforza, *Arcivescovo di Napoli,*

✠ Giuseppe *Cardinale* Cosenza, *Arcivescovo di Capua,*

✠ Gaetano, *Arcivescovo di Acerenza e Matera,*

✠ Antonio, *Arcivescovo di Salerno ed Amministratore perpetuo
della Chiesa di Acerno,*

[1] Ad Timot. III, 12.
[2] II. Macch. XV, 21.

✠ GIUSEPPE, *Arcivescovo di Trani e Nazaret,*

✠ VINCENZO, *Arcivescovo di Manfredonia,*

✠ DOMENICO, *Arcivescovo di Amalfi,*

✠ PIETRO, *Arcivescovo di Rossano,*

✠ LUIGI, *Arcivescovo di Chieti,*

✠ VINCENZO ANDREA, *Arcivescovo di Otranto,*

✠ RAFFAELE, *Arcivescovo di Brindisi,*

✠ FRANCESCO, *Arcivescovo di Bari,*

✠ GIUSEPPE, *Arcivescovo di Taranto,*

✠ GREGORIO, *Arcivescovo di Conza e Campagna,*

✠ FRANCESCO SAVERIO, *Arcivescovo di Sorrento,*

✠ MARIANO, *Arcivescovo di Reggio,*

✠ A. MICHELE, *Vescovo di Venosa,*

✠ BERNARDINO MARIA, *Vescovo di Foggia,*

✠ GIUSEPPE, *Vescovo di Aquino, Pontecorvo e Sora,*

✠ GIUSEPPE, *Vescovo di Lucera,*

✠ Fr. LUIGI, *Vescovo di Aquila,*

✠ Fr. DALMAZIO, *Vescovo di Bova,*

✠ NICOLA, *Vescovo di Lecce,*

✠ NICOLA, *Vescovo di Molfetta, Giovinazzo e Terlizzo,*

✠ LUIGI, *Vescovo di Telese e Cerreto,*

✠ DOMENICO, *Vescovo di Aversa,*

✠ GENNARO MARIA, *Vescovo di Anglona e Tursi,*

✠ MICHELANGELO, *Vescovo de' Marsi,*

✠ GIUSEPPE, *Vescovo di Nola,*

✠ ENRICO, *Vescovo di Caserta,*

✠ LUIGI, *Vescovo di Oria,*

✠ GIO. GIUSEPPE, *Vescovo di Andria,*

✠ VALERIO, *Vescovo di Gallipoli,*

✠ Fr. GIOV. BATTISTA, *Min. Conv., Vescovo di Capaccio-Vallo,*

✠ VINCENZO, *Vescovo di Ruvo e Bitonto,*

✠ Fr. SIMONE, *Vescovo di Tricarico,*

✠ RAFFAELE, *Vescovo di Squillace,*

✠ Bartolomeo, *Vescovo di Calvi e Teano, Amministratore Apostolico di Castellaneta*,

✠ Francesco Paolo, *Vescovo di Sant'Agata de' Goti*,

✠ Michelangelo, *Vescovo di Marsico e Potenza*,

✠ Ferdinando, *della Missione, Vescovo di Sessa*,

✠ Fr. Giacinto Maria, *Vescovo di Nicastro*,

✠ Giuseppe, *Vescovo di Oppido*,

✠ Francesco, *Vescovo di Ugento*,

✠ Fr. Luigi, *Vescovo di Trivento*,

✠ Felice, *Vescovo d'Ischia*,

✠ Antonio, *Vescovo di Sansevero*,

✠ Francesco, *Vescovo di Castellammare*,

✠ Fr. Tommaso, *Vescovo di Troia*,

✠ Fr. Michele, *Vescovo di Teramo*,

✠ Filippo, *Vescovo di Mileto*,

✠ Fr. Lorenzo, *Vescovo di Boiano*,

✠ Gaetano, *Vescovo di Nusco*,

✠ Ignazio, *Vescovo di Melfi e Rapolla*,

✠ Nicola, *Vescovo di Cariati*,

✠ Francesco, *Vescovo di Lacedonia*,

✠ Leonardo, *Vescovo di Ascoli e Cerignola*,

✠ Alfonso Maria, *Vescovo di Gravina e Montepeloso*,

✠ Francesco, *Vescovo di Avellino*,

✠ Fr. Francesco Saverio, *Vescovo di Muro*,

✠ Gio. Domenico, *Vescovo di Eumenia, Ordinario di Altamura ed Acquaviva*,

✠ Giovanni, *Vescovo di Bovino*.

Il sottoscritto si unisce all' Episcopato Napoletano per dichiarare la sua piena adesione alle dottrine della santa Sede, alle quali riferisce Il presente Indirizzo, non che per protestare il suo filiale attaccamento al Sommo Pontefice Pio Nono.

✠ D. *Card.* Caraffa, *Arcivescovo di Benevento*.

NORTHAMPTON IN INGHILTERRA

(*Provincia eccles. di Westminster*)

IL VESCOVO DI NORTHAMPTON

AL SOVRANO PONTEFICE

BEATISSIME PATER,

Occasione data mittendi literas ad Sanctitatem Vestram per manus Reverendissimi Domini Nardi, opportunum credidi devotissimam meam observantiam erga sacram Personam Vestram et sanctam Sedem exhibere.

Inter tot acrumnas ex malitia hominum ortas ; inter tot mendacia et calumnias ad eversionem iuris, Iustitiae et veritatis directas, mihi suavissimum est credere, quod cor paternum Sanctitatis Vestrae devotionem indignissimi servi tui non dedignetur benigne accipere. Utinam verba gratulationis scribere possem ! Sed dum, hisce temporibus, hoc mihi non liceat, muneris est mei, Cleriquo, fideliumque huius Dioeceseos una cum universa Ecclesia orationes ardentissimas ad Deum totius consolationis fundere, ut dies afflictionis abbreviati sint, et ut caecitas cordium auferatur.

Et dum toto corde contra impios conatus in Patrimonium sancti Petri et sanctam Ecclesiam Dei excitatos protestamur, firmissimam fiduciam habemus ut Deus Omnipotens Te respiciens, Te semper

Append. gen. II.   9

custodiat atque defendat, et Sponsam suam Ecclesiam exaltet atque consoletur.

Ad pedes Sanctitatis Vestrae prostratus apostolicam Benedictionem humiliter peto.

Sanctitatis Vestrae, Beatissime Pater,

Northantoniae in Anglia, die 20 Septembris 1861.

Humillimus et devotissimus Filius

✠ FRANCISCUS, *Episcopus Northantoniensis*

TARRAGONA IN SPAGNA

L'ARCIVESCOVO DI TARRAGONA

AL SOVRANO PONTEFICE

BEATISSIME PATER,

Dum memorabilem Encyclicam diei decimi octavi Iunii proximo elapsi Illacrimantes perlegebamus, ecce placidissima nuntia, primum de tregua, dein de pace, eaque Vestrae Beatitudini et sanctae Sedi, uti coniicere licet, et proficua, et honorifica. Grates igitur sint Deo Optimo Maximo perennes, Immaculataeque semper Virgini Mariae, cuius potentissima Intercessione, uti pie credimus, praeter omnium expectationem hoc posuit Deus prodigium super terram. Reliquum est ut facili cursu negotiationes procedant, felicique exitu coronentur ad Dei gloriam intemerataeque semper Virginis Mariae, ad Ecclesiae triumphum, et ad Vestrae Beatitudinis solatium omnimodamque felicitatem. Quae quidem omnia a misericordiarum Patre, per illarum Matrem humiliter poscimus fidenterque speramus.

Ad sacros Vestrae Beatitudinis pedes, Beatissime Pater,

Datum in sancta visitatione Ecclesiae parochialis de Guimera, 25 Iulii an. 1859.

Obsequentissimus Filius

Ioseph Dominicus, Archiep. Tarraconensis in Hispania, pro se suisque Suffraganeis Episcopis Gerundensi, Ilerdensi, Urgelensi, Barchinonensi, Vicensi, et Vicariis Capitul. Dertusensi, Caelsonensi et Ibusensi

TERAMO NEL REGNO DI NAPOLI

(Diocesi immed soggetta alla S. Sede)

IL VESCOVO DI TERAMO

AL CLERO DELLA SUA DIOCESI

Molto Reverendo Signore,

Lo spirito di rivolta, che da lungo tempo sotto le mentite sembianze umanitarie scuote in Europa le basi dell'ordine pubblico con implacabile guerra al divino principio di Autorità, su cui riposa l'esistenza di ogni società religiosa e civile, ora maggiormente si manifesta nelle italiane contrade. E siccome l'unica e salda guarentigia di cosiffatto principio è la Religione, tesoro preziosissimo che ereditammo da' nostri Padri; così i figli delle tenebre, instancabili ne' loro perversi divisamenti, tentano rapircela, facendo segno di fieri assalti questa rocca per divina promessa incrollabile. Per attuare questo infernale disegno immaginarono scevrare la quistione religiosa dalla politica, onde, simulando con ributtante ipocrisia rispetto e venerazione al Sommo Pontefice, qual Capo della cattolica Chiesa, osarono disconoscere in Lui la regia potestà, e consumare lo spoglio sagrilego di una parte de' suoi Dominii. Raggiunto questo scopo, si argomentano essi di riuscire ad un altro, da lunga mano ben più vagheggiato, d'impedire cioè il libero esercizio di quella suprema Autorità, che deriva dal divino Fondatore della Chiesa.

Non sì tosto la fama avea divulgata l'empia violazione, che nella cattolica Europa alto ed unanime si elevò un grido di sdegno e di orrore. Distinto e chiarissime intelligenze non solo cattoliche, ma, quel che più no ricolma di maraviglia, protestanti ancora, dedicarono con nobile gara lo loro penne immortali alla difesa del temporale Dominio del Sommo Pontefice o Re.

Compiutosi l'empio attentato, chi non iscorge imminente il giorno, in cui i nemici irreconciliabili del Trono e dell'ordine si sforzeranno spogliare la santa Sede della rimanente civile dominazione? Egli è perciò da non recar sorpresa se tutt'i Cattolici, devoti ai proprii principii, con la violazione degl'incontestabili diritti del Romano Pontefice sentirono violati i diritti della propria coscienza; chè, ove al Capo augusto della Chiesa è tolto il temporale Principato, gli sarà disdetta nel tempo medesimo quella indipendenza che a lui è sì necessaria, nel far giungere libera la parola di salute e di vita ai fedeli, e nel custodire inalterata quella Fede, di cui egli è l'infallibile depositario.

All'apprensione di tal funesto pericolo che ne minaccia, quanti mai vi banno Cattolici nel mondo che sentono la benefica influenza di quella Religione che professano, mentre fan comuni a tutti loro le acerbo pene che travagliano il cuore magnanimo dell'immortal Pio IX, con solenni proteste dichiarano che il Patrimonio di san Pietro sia il Patrimonio di tutta la Cattolicità, e che questo retaggio della Chiesa di Roma, opera che la divina Provvidenza volle compiuta a traverso de' secoli, e malgrado l'urto delle umane passioni, a difesa della libera azione del Supremo Gerarca, non debba e non possa usurparsi da una mano di faziosi e di ribelli.

Chiamato per divina Misericordia al governo di questa illustre porzione del gregge di Gesù Cristo, non posso astenermi, senza mancare ai miei sacri doveri, dal prevenire i miei dilettissimi figli contro le tristi insinuazioni di uomini profondamente malvagi, che, quali nuovi farisei, in quello stesso che dichiarano divozione ed

ossequio al Capo venerando della Chiesa, ne vorrebbero impedito
e pressochè distrutto il supremo Magistero.

A questo fine fra molti opuscoli che in Europa, e precipua-
mente in Francia, videro testè la luce, scritti da valorose penne
in difesa del diritti della santa Sede, mi piacque scegliere quello
dell'illustre Monsignor de Ségur, che a sana e solida dottrina ac-
coppia tale limpidezza di esposizione, che si rende facile alla intel-
ligenza di tutti. La mercè di quest'opuscolo sarà agevole diradare
dalle menti de' semplici, degl'illusi e di quanti non hanno guasto
il cuore, quei pregiudizii che i figli della menzogna si sforzano
diffondere a larga mano, per distruggere gl'irrevocabili diritti che
competono al Sommo Pontefice sul suo civile Principato.

Colla presente le rimetto un esemplare del ricordato opuscolo,
perchè ella penetrandosi del suo spirito e facendone proprie le
trionfanti ragioni che contiene, ne voglia diffondere col più caldo
zelo le massime salutari. In questa guisa la speranza mi conforta
di veder tosto ritornati a sani principii coloro che non per malvagità, ma per illusione se ne dilungarono.

Siccome intanto vano tornerebbe ogni nostro sforzo a salvare
dal contagio dell'errore l'odierna società senza il divino aiuto;
così per impetrarlo è mestieri ricorriamo all'efficace mezzo del-
l'orazione, invocando il patrocinio di Colei, che prescelta alla divina Maternità, fu da ogn'infezione di colpa preservata immune.
È perciò che le trasmetto alcuni esemplari di preghiere che da
ogni Sacerdote debbono quotidianamente e fino a contrario avviso
essere recitate col popolo, prima d'incominciare il santo sacrificio della Messa, preghiere alle quali ho annesso quaranta giorni d'Indulgenze, acciocchè sieno maggiormente feconde di spirituali vantaggi.

Sento tutta la fiducia della zelante operosità de' Parochi di questa mia Diocesi, ma questa medesima fiducia non può rattenermi
dal sollecitarne vieppiù le lodevoli premure al bene de' proprii
filiani, in vista de' crescenti pericoli che minacciano la mistica

vigna del Signore. Siate dunque a cuore la difesa di nostra sacro-
santa Religione ; ponga il più diligente studio nel guidare a pascoli
di salute la greggia affidatale, e nel custodirla da voraci lupi. Così
compiendo questi sacri doveri , avrà corrisposto agli obblighi che
solennemente giurò assumendo la cura formidabile delle anime.

Nell'esprimerle i sensi di mia stima, con tutta effusione di cuore le impartisco la pastorale Benedizione.

Di Vostra Signoria Molto Reverenda,

Teramo, dall'Episcopio 14 Maggio 1860.

Devotissimo, affezionatissimo Servitore

✠ *Fr.* Michele , *Vescovo Aprutino*

TOLOSA IN FRANCIA

L'ARCIVESCOVO DI TOLOSA

AL CLERO E AI FEDELI DELLA SUA DIOCESI

JULIEN-FLORIAN-FÉLIX DESPREZ

PAR LA GRACE DE DIEU ET DU SAINT-SIÈGE APOSTOLIQUE,
ARCHEVÊQUE DE TOULOUSE ET DE NARBONNE, PRIMAT DE LA GAULE NARBONNAISE,
PRÉLAT ASSISTANT AU TRÔNE PONTIFICAL, ETC.

Au Clergé et aux Fidèles de notre Diocèse, Salut,
Paix et Bénédiction en N. S. Jésus-Christ.

- - - — — —

Notre arrivée au milieu de vous, Nos très-chers Frères, a été marquée, nous aimons à le reconnaître, par des signes heureux et encourageants pour notre ministère; et le touchant accueil que vous nous avez fait, nous a permis d'espérer que nous entrions dans notre nouvelle Église, comme l'apôtre saint Paul à Rome, *avec l'abondance des bénédictions de l'Évangile* [1]. Jusqu'à ce moment, notre faiblesse nous disait de ne monter sur le siège de saint Saturnin *qu'avec crainte et un grand effroi* [2]; mais, depuis que nous avons vu de près les vertus rares de notre Clergé

---

[1] Rom. XV, 23.
[2] I. Cor. II, 3.

et la foi antique de notre troupeau, il nous semble que la confiance qui nous vient do la terre n'est qu'une manifestation des desseins du Ciel, et nous nous écrions dans notre gratitude envers Dieu et envers vous: Heureux le pasteur dont les premières paroles sont une action de grâce! Plus heureux encore, Nos trèschers Frères, le peuple qui sait répondre, par une docilité telle que la vôtre, aux bénédiction de son pasteur!

Mais pourquoi la joie de notre arrivée est-elle troublée par des douleurs inattendues? Ah! c'est que si *tout est prospère parmi nos frères et parmi leurs troupeaux* [1], au loin, nous voyons des larmes couler des yeux de notre Père, et nous savons que ses angoisses désolent la catholicité tout entière. Par de là les Alpes, la Mère de toutes les Églises pleure; et vous avez beau, Nos très-chers Frères, remplir notre cœur d'espérance, vos pieuses sympathies ne sauraient nous distraire de ce deuil déchirant.

Aussi, de quoi nous occuperons-nous dans ce premier épanchement de notre paternelle sollicitude, sinon de ce qui occupe, à l'heure présente, toutes les Églises du monde catholique? Est-il permis au successeur presque immédiat d'un Pontife, qui souffrit la persécution et les fers pour la défense des droits du saint Siège, d'entendre, sans protestation, tant de blasphèmes ignorants et impies contre la royauté du Vicaire de Jésus-Christ? Non, Nos très-chers Frères, si une telle impassibilité est au-dessus de nos forces, elle est aussi au-dessous de notre caractère. Nous vous parlerons donc de Rome, et en faveur des possessions terrestres de Rome. Que si nos efforts n'apportent pas une nouvelle pierre au rempart de la Ville sainte, du moins ils feront la joie de notre conscience et apporteront peut-être un peu d'honneur à notre ministère.

Ce qui nous soutient dans une pareille tâche, c'est qu'il ne s'agit pas seulement de combattre ces ennemis perfides qui ne

---

[1] Gen. XXXVII, 11.

Append. gen. II. 10

voudraient renvoyer l'Église aux catacombes, que pour ne plus
entendre parle d'elle; mais encore ces esprits chimériques, qui lui
promettent que son influence morale grandira selon la mesure des
abdications qu'elle saura faire dans l'ordre temporel. Ne les avez-
vous pas entendus comme nous, Nos très-chers Frères, ces conseillers pusillanimes qui insinuent lâchement à l'Église que, pour
le bien de la paix, elle doit renoncer à sa modeste couronne?
C'est notre devoir d'éclairer ces lamentables aberrations. Heureux
si nous pouvons pénétrer jusque dans vos paisibles retraites de
vos hameaux ou de vos montagnes, avec les organes suborneurs
de la presse impie, et vous faire comprendre les capitales vérités
que nous allons essayer de vous développer !

I.

Aujourd'hui la Royauté est nécessaire à la Papauté.

Il n'est pas indispensable à la perpétuité ni à la gloire de
l'Église que la Chaire du Pontife romain soit un trône de roi.
Dans les premiers âges du Christianisme. l'Église n'avait d'autre
couronne que celle du martyre. Mais cette royauté empourprée
du sang des chrétiens, qui pouvait suffire à une Église à peine
sortie des catacombes, devait nécessairement prendre une autre
forme avec les développements successifs d'une société destinée à
embrasser le monde dans les vastes étreintes de la foi et de la
charité. « Dieu, dit Bossuet, qui voulait que l'Église, mère com-
« mune de tous les royaumes, ne fût dépendante d'aucun royau-
« me dans le temporel, jeta les fondements de ce grand dessein
« par Pepin et Charlemagne [1]. » Ce dernier fit donc un acte de
haute sagesse, lorsque, dans ces vastes territoires qu'il avait
conquis, il choisit généreusement quelques provinces pour en

[1] Déclaration.

composer le patrimoine de saint Pierre et former ce royaume, indépendant de toutes les autres puissances temporelles, qui a subsisté jusqu'à nos jours. Or, nous disons, Nos très-chers Frères, que cette souveraineté, que le droit public a consacrée et que Dieu a marquée de son sceau, doit être conservée dans toute son intégrité, parce qu'elle est toujours nécessaire à l'Église pour continuer l'œuvre que la Providence lui a confiée. La Papauté à Rome et la Papauté avec son diadème royal, ce n'est pas seulement la cause de l'Italie, mais de la chrétienté, de l'ordre et peut-être de la civilisation.

Et d'abord, la royauté est nécessaire à l'éclat du souverain Pontifical. Cette assertion repose sur une règle de la nature et de la foi que personne ne peut méconnaître. Ici-bas, Nos très-chers Frères, chaque chose, même la grandeur spirituelle, a besoin d'un signe apparent, qui la révèle par les sens à l'esprit de notre pauvre humanité. Dieu est immatériel, et cependant nous lui bâtissons des temples magnifiques, que nous ornons avec tout le luxe des arts. La dignité épiscopale est immatérielle, et cependant l'austère saint Basile l'environnait de telles splendeurs en lui-même, que les villes de l'Orient venaient le contempler avec édification dans son sanctuaire de Césarée. Enfin, la Papauté est une dignité immatérielle; mais, comme le monde entier est confié à sa garde, il faut qu'elle soit environnée d'un éclat qui lui permette d'être vue de toutes les extrémités du monde. Cette belle harmonie ressort à la fois de la volonté de Dieu et de la nature des choses; et dès que le maître de 200 millions d'âmes sera enfermé dans une principauté comme celle de Monaco, cette disproportion entre son empire matériel et son empire spirituel offensera, à la fois, les convenances logiques et le sens moral.

La royauté est nécessaire au caractère sacré de la Papauté. Franchissez, en hérétique d'Angleterre ou en rationaliste de France, le seuil du Vatican, et dites-nous si l'on aborde comme un homme ordinaire ce Pontife, qui tient les rênes d'une monarchie

universelle. Que ce Pontife cesse d'être Roi, il sera sujet d'un
prince ou citoyen d'une république quelconque. Ce dominateur,
le plus auguste de l'univers, va donc devenir, devant la loi,
l'égal d'un propriétaire ou d'un artisan? En vérité, Nos très-chers
Frères, une telle impossibilité révolterait bientôt la raison, le bon
sens et le respect de l'univers. Tant que les hommes ne seront
pas de purs esprits, ils auront besoin de voir un peu d'éclat
autour des choses saintes pour les bien apprécier; et plus l'Église
brillera, plus elle sera comprise par les masses que ne séduisent point les rêves de sentiment. Le sénateur Pudens a donc fait
un acte d'une haute sagesse lorsqu'il donna à saint Pierre, à ce
pêcheur de Nazareth, pauvre et sans argent, un trône de nacre
et d'ébène. C'était, dans les desseins de Dieu, le commencement
d'un trône, qui devait se tenir debout jusqu'à la consommation
des siècles.

La royauté est nécessaire, sinon à l'essence, du moins à l'exercice du pouvoir spirituel. Quelque opinion que l'on professe
à l'égard du Souverain-Pontife, il reste toujours le chef spirituel
de 200 millions d'hommes. Dites-nous, Nos très-chers Frères,
l'exercice d'une telle domination est-il possible, sans conseillers
nombreux pour l'aider à former des décrets, sans ambassadeurs
pour les porter, sans palais pour recevoir dignement les représentants des diverses parties de la catholicité, sans finances pour payer
les frais d'une aussi vaste administration; enfin, sans établissement matériel proportionné à l'immensité d'un tel empire? Aussi,
que l'anarchie parvienne à loger le Vicaire de Jésus-Christ dans
une capitale quelconque; qu'elle lui donne le personnel, les congrégations, les honneurs et les libertés nécessaires au légitime
exercice de son pouvoir spirituel, bientôt le souverain de cette
capitale sera moralement détrôné; le Pape en deviendra la première autorité, et, qu'on le nomme Patriarche, premier Évêque
ou *Serviteur des serviteurs de Dieu*, il sera toujours Roi, parce que
la force des choses attache à sa personne l'appareil de la royauté.

Cette royauté n'est pas moins nécessaire à l'indépendance qu'à l'exercice du pouvoir spirituel. Voulez-vous, Nos très-chers Frères, sur ce point un témoignage peu suspect ? Voici la profession de foi de Napoléon Ier, rapportée par l'auteur de l'*Histoire du Consulat :* « L'institution qui maintient le Pape gardien de l'unité « catholique est une institution admirable. On reproche à ce chef « d'être un souverain étranger. Ce chef est un souverain étran- « ger, et il faut en remercier le ciel. Quoi ! se figure-t-on, dans « le même pays, une autorité pareille à côté du gouvernement « de l'État ? Réunie au gouvernement, cette autorité deviendrait « le despotisme des sultans ; séparée, hostile peut-être, elle pro- « duirait une rivalité affreuse, intolérable. Le Pape est hors de « Paris, et cela est bien. Il n'est ni à Madrid, ni à Vienne, et « c'est pourquoi nous supportons son autorité spirituelle. A Vien- « ne, à Madrid, on est fondé à en dire autant..... On est « donc heureux que le Pape réside hors de chez soi, et qu'en « résidant hors de chez soi, il ne réside pas chez des rivaux. Je « ne soutiens pas ces choses par entêtement de dévot, mais par « raison. » Avouez, Nos très-chers Frères, que chacune de ces paroles est un éclair de bon sens, et que ces vues renferment une sublime politique.

La royauté est surtout nécessaire à l'indépendance du Vicaire de Jésus-Christ, en ce sens que le Pape, descendant de son trône, tombe, par une conséquence fatale, dans la prison ou dans l'exil. En effet, Nos très-chers Frères, si le Pape est attaqué dans son domaine temporel, il résiste, parce qu'il y est rigoureusement obligé sous peine de trahison, ainsi que nous le verrons plus tard. Aux violences qui lui sont faites, il répond par des foudres, et aussitôt le monde se trouble, les esprits s'agitent, les passions s'enflamment ; alors, au rapport de l'histoire, voici ce qui se pas- se : ou bien le Pape attend les violences de pied ferme dans son palais, et dans ce cas il est gardé à vue ; sa parole, d'une infail- libilité souveraine, est placée sous une surveillance sévère ; sa

correspondance avec l'Épiscopat n'est plus libre, et la conscience
de l'univers catholique est violée; ou bien le Pape juge à propos
de prendre la fuite, et alors, s'il est consulté, plus de Congrégations pour résoudre les doutes de conscience; s'il rend un décret,
plus de sacré Collège pour l'assister; s'il meurt, plus de Conclave
possible pour lui donner un successeur; les rouages de l'administration ecclésiastique seront disloqués; une grande perturbation
se fera dans le gouvernement des âmes, et la ruine de la souveraineté temporelle produira des catastrophes dans l'ordre spirituel.
Vous le voyez, Nos très-chers Frères, toucher à ce manteau royal,
prétendre en diminuer l'ampleur sacrée, c'est attenter au repos
et à la dignité de tous les Catholiques du monde.

II.

La Royauté est conciliable avec la Papauté.

En vérité, Nos très-chers Frères, il est tard pour poser une
question que plus de mille ans d'expérience ont déjà résolue.
Combien de trônes ont été renversés depuis la fondation de la monarchie pontificale! Et qui oserait soutenir qu'une institution qui
a survécu à tant de ruines, n'était pas née viable? Ah! cette
paternelle royauté pourrait répondre à tant de sectes éphémères
qui la citent à leur tribunal: Quand vous aurez autant d'âge que
moi, vous aurez le droit de me déclarer, que je n'ai point les
conditions nécessaires pour exister.

Hommes de peu de foi, prenez donc garde, avec vos raison-
nements précipités ou vos conclusions irréfléchies de déserter à
l'hérésie ou au rationalisme! Jésus-Christ a dit sans restriction
qu'il était la vérité: Ego sum veritas [1]. S'il est la vérité dogmatique et morale, il est aussi la vérité sociale. Par conséquent, la

[1] Ioan. XIV, 6.

société la plus imprégnée de cette sève divine sera la plus flo-
rissante, et la royauté la plus catholique devra être de l'application la plus facile. Voilà, Nos très-chers Frères, la grande politique de l'Évangile. Et si, par hasard, l'histoire d'un peuple sem-
blait donner des démentis à cette politique, il faudrait, pour être
juste, examiner si ce n'est point la faute de ce peuple, non de
son gouvernement; la faute de ceux qui le débauchent, non de
ses institutions. Ah! Nos très-chers Frères, il est une parole qu'il
faudrait répéter souvent aux réformateurs de nos jours; bien mé-
ditée, elle serait plus efficace que tous les efforts de la diploma-
tie pour pacifier les États pontificaux; et cette parole, c'est Voltaire qui l'a prononcée : *Les Romains ne sont plus conquérants,
mais ils sont heureux.*

Que si nous passons maintenant dans le domaine des faits,
nous serons forcés d'avouer qu'il faut être aveugle pour ne pas
comprendre la supériorité incontestable des Souverains de Rome.
Où trouve-t-on une galerie de rois comparable à celle qui orne
les murs de la basilique de Saint-Paul? L'histoire a démontré
que plus d'une monarchie était impossible. L'impossibilité de quel-
ques-unes est venue de la corruption de leurs chefs. Ici, rien n'est
abandonné aux chances de l'hérédité. Les mérites les plus écla-
tants sortent spontanément du suffrage le plus consciencieux, qui
puisse présider à une élection. L'urne du Conclave a donné aux
États de l'Église une série de rois, dont aucune dynastie connue
n'est digne d'approcher.

Ce qui fait l'impossibilité de quelques autres monarchies, c'est
que, par le laps du temps, on voit s'opérer dans leur histoire
un retour fréquent des minorités et des régences. « La puissance
« pontificale, a dit M. de Maistre, est la moins sujette par essen-
« ce aux fluctuations de la politique. Car, celui qui l'exerce est
« toujours vieux, célibataire et prêtre; ce qui exclut les quatre-
« vingt-dix-neuf centièmes des erreurs et des passions. »

Ce qui fait l'impossibilité de certains gouvernements, ce sont les contre-coups d'une prospérité anormale ou d'un élan désordonné. « Si l'on calcule de sang-froid, a dit le protestant Gibbon, « les avantages et les défauts d'un gouvernement ecclésiastique, « on peut le louer comme une administration douce, décente et « paisible, qui n'est point minée par le luxe ni par les maleurs « de la guerre [1]. »

Enfin, ce qui fait l'impossibilité de certaines monarchies, c'est l'inapplication et la frivolité de leurs représentants. « Si d'autres, « dit le savant Giordani, saluant la rentrée de Pie VII, sont em- « pêchés par leurs plaisirs de faire le bien de leurs peuples, il « n'en est point ainsi de notre maître. Il ne peut aimer ni les « conquêtes, ni les spectacles, ni les fêtes profanes: et une heu- « reuse nécessité l'oblige de mettre son plaisir et son application « à gouverner si paternellement ses peuples, qu'il en fasse pour « l'univers un sujet d'envie. »

Ne croyez donc pas, Nos très-chers Frères, cette calomnie mille fois rebattue contre le gouvernement pontifical, qu'il ne peut accorder à ses sujets le bienfait de la liberté des cultes. Si l'on entend, par liberté des cultes, cette tolérance charitable qui offre une hospitalité, sans vexations, à toutes les dissidences, dites-nous qui la pratique plus largement que le Pape? Mais si l'on entend l'indifférentisme, qui consiste à payer certains docteurs pour enseigner que Jésus-Christ est Dieu, et d'autres pour ensei- gner qu'il est un imposteur, qui oserait imposer au Pape cet athéisme gouvernemental?

Nous dénonçons encore à votre défiance, Nos très-chers Frères, cette allégation captieuse contre le Pontife-Roi, que la même main qui signe une bulle d'indulgence est inhabile à signer des arrêts de mort. Si nous en exceptons la royauté sereine de la très-sainte Vierge, toute autorité au ciel et sur la terre se compose du droit

[1] Tome XIII, p. 70.

de faire grâce et du droit de punir. En Dieu, la justice infinie
s'allie parfaitement à l'infinie bonté. Et la Providence divine, qui
est elle-même si tendre, ne sème-t-elle point tous les jours ici-bas
des fléaux et des bénédictions? Par conséquent, reprocher au Saint
Père de tenir des foudres d'une main, pendant qu'il distribue des
grâces de l'autre, c'est lui faire un crime de ressembler à Dieu,
qui est le Roi le plus clément et le plus juste de l'univers.

Enfin, Nos très-chers Frères, ne vous laissez point séduire par
les doléances plus ou moins sincères des impies sur les abus des
États pontificaux. Ce ne sont pas les abus de ce gouvernement,
c'est le gouvernement lui-même qui enflamme leur sacrilège colère. En voulez-vous la preuve irréfragable? Oh! réformateurs si
inquiets des gémissements des peuples, allez au-delà de la Man-
che: n'entendez-vous pas quelques gémissements en Irlande? Me-
nacez donc l'Angleterre de lui enlever cette île, si elle ne s'em-
presse de lui faire les concessions si justement réclamées. Passez
l'Adriatique; n'y a-t-il pas quelques abus en Turquie? Revenez
à Stockolm; tout est-il parfait dans la Suède protestante? Avancez
jusqu'en Pologne; signifiez donc à la Russie, si vous l'osez, qu'elle
va être démembrée, si elle n'octroie pas quelques faveurs constitu-
tionnelles? Mais pourquoi toujours des représentations à Pie IX et
des prostrations devant les vrais oppresseurs de l'Europe? Ah! c'est
que la révolution n'a ni le courage ni la franchise de ses haines,
et que l'abus auquel elle ne fera jamais grâce, c'est la Papauté.

III.

*La Religion et la justice défendent d'entamer la Royauté
du Vicaire de Jésus-Christ.*

Nous laissons aux hommes politiques le soin de dire qu'il y
a une chose plus impossible que la monarchie des Papes, c'est
l'état de choses qu'on voudrait lui substituer. Pour nous, Évêque,

et à ce titre, chargé d'exprimer les douleurs et les enseignements
de l'Église, la question présente un aspect plus important. Tout
amoindrissement du territoire pontifical est à nos yeux un sacrilège et une injustice.

Quand nous affirmons, Nos très-chers Frères, que cet acte est
un sacrilège, n'allez pas croire que nous émettons une opinion
d'école, une exagération de doctrine, qui laisse le champ libre à
une opinion contraire ; nous annonçons une vérité qu'il n'est pas
possible de rejeter sans sortir du giron de l'orthodoxie. Entendez
la profession de foi que faisait Bossuet sur ce point délicat : « Nous
« savons certainement, dit-il dans sa *Defensio declarationis Cleri*
« *gallicani*, et nous enseignons hautement que les propriétés, les
« droits et les gouvernements temporels, acquis aux Pontifes ro-
« mains et à l'ordre ecclésiastique, en vertu de la concession des
« rois et d'une légitime possession, sont en leur domaine et au-
« torité au même titre que les possessions et les droits les mieux
« établis parmi les hommes. En outre, nous proclamons que tous
« ces biens et ces droits, en tant qu'affectés à Dieu et à son
« Église, doivent être considérés comme saints et sacrés, et qu'ils
« ne peuvent sans sacrilège être envahis, enlevés, ni rappelés sous
« la domination séculière [1]. »

Mais voici une autorité de beaucoup supérieure à celle de
Bossuet ; c'est celle des Souverains-Pontifes. A la fin du XVIII siècle, quand *les peuples étaient frémissants et méditaient de noirs complots* contre l'Église, alors que les Souverains Pontifes étaient en
voie de concession de tout genre, pour ne point pousser à bout les
passions ameutées *contre le Seigneur et son Christ* [2], Clément XIII,
Pontife doux et miséricordieux, mais athlète intrépide, désireux
de bien établir l'inviolabilité du Patrimoine de saint Pierre, pro-
nonça l'excommunication contre ceux qui, directement ou indi-

[1] Tome XXXI, édition Lebel, pag. 272.
[2] Psalm. II, 2.

roclement, envahiraient en tout ou en partie les terres de l'Église romaine, ainsi que les adhérents, fauteurs, défenseurs, conseillers ou auxiliaires de ceux-ci. Et pour éluder cet anathème, qu'on n'aille point se réfugier dans ce catholicisme tempéré, qui prétend ne se soumettre qu'aux sentences des Conciles généraux. Depuis l'excommunication fulminée à Constance contre Wiclef, les assemblées œcuméniques ont parlé le même langage et frappé les mêmes coups que les Pontifes romains. De leur côté, les Conciles provinciaux de France ont, à diverses époques, ratifié la même doctrine; et, comme pour lui imprimer le caractère d'une actualité incessante, de nos jours même, ils ont condamné les ennemis de la puissance civile du saint-Siège, et formulé des vœux pour qu'elle fût perpétuée dans toute son intégrité [1].

Cette pénalité, infligée par l'Église à ses spoliateurs, ne doit pas nous surprendre. Chez les païens, les objets affectés au service de la divinité étaient protégés par une législation exceptionnelle et sévère; les ravisseurs des choses saintes étaient passibles d'une répression exemplaire. Pourquoi contesterait-on à la Religion catholique le droit de défendre avec une aussi jalouse sollicitude ses trésors sacrés? Hélas! Nos très-chers Frères, on va plus loin encore, et nous avons la douleur d'entendre des catholiques insouciants répéter avec une sorte de conviction que, dans l'intérêt de la paix, l'Église devrait faire l'abandon des provinces que l'anarchie s'efforce de lui enlever. Quoi! si on dérobait le ciboire de votre église de village, diriez-vous qu'il faut laisser en paix l'auteur connu de ce larcin, le sachant surtout disposé à continuer ses rapides sacrilèges? Et quand on ravit à l'Église de Rome, à cette mère commune de tous les fidèles du monde, les subsides, les propriétés, les pompes nécessaires au déploiement de

[1] Rien de plus formel que le langage tenu par les Conciles de Reims et de Tours en 1849, par ceux de Toulouse, d'Albi, de Bourges, de Bordeaux, de Lion et de Rome en 1850; enfin, par celui d'Auch en 1931.

la souveraineté spirituelle; quand vous saurez que l'anarchie ne
sera satisfaite que lorsqu'elle lui aura enlevé jusqu'à la dernière
parcelle de son apanage sacré, vous demandez au Pape de sous-
crire a son dépouillement? Pensez-vous, en vérité, que l'Église
a cessé de croire en elle-même pour admettre le droit de ces cri-
minelles profanations?

La spoliation que nous stigmatisons, Nos très-chers Frères,
est aussi entachée d'injustice. D'après les idées contemporaines,
il y a deux sortes de droits en vertu desquels les souverainetés
subsistent; le premier résulte de la tradition; le second n'est autre que la volonté populaire. Invoquez-vous la tradition? Mais
aucun empire ne peut revendiquer ce titre avec autant d'avantage
que le patrimoine de saint Pierre. Sondez l'origine de tous les
États, vous n'en trouverez pas un de plus anciennement possédé,
de plus paternellement gouverné, de plus fréquemment troublé,
soit par les convoitises du dehors, soit par les ingratitudes du
dedans, et de plus obstinément ramené que celui-ci sous le sceptre légitime, par la seule force du droit ou de l'amour. Admettez-
vous, au contraire, que l'élection populaire est le seul principe
en vertu duquel les rois règnent et cessent de régner? Nous sou-
tenons encore que la révolte des Romagnes ne saurait invoquer
cette consécration en sa faveur. Alors même que le Pape relève-
rait du suffrage de son peuple, nous en appellerions à son peuple
lui-même et non à ses ennemis; car nous savons bien qu'une
poignée de factieux, sans cœur et sans bonne foi, fait des boule-
versements par-delà les monts, au nom d'une majorité qui ne lui
a donné aucune procuration; nous en appellerions à son peuple
sérieusement consulté, affranchi surtout de toute pression et de
tout embauchage; car quel peuple fut jamais suborné et surexcité
comme celui-ci par les encouragements de l'hérésie et de l'anarchie! Concluons donc, Nos très-chers Frères, que ni le droit populaire, ni le droit traditionnel ne permettent de toucher aux possessions des Souverains Pontifes.

IV.

La l'papauté est obligée de défendre sa Royauté.

C'est la tactique ordinaire des impies de montrer l'Église en
contradiction avec l'Évangile, toutes les fois qu'elle veut revendiquer un droit ou pourvoir à sa sûreté. Les mêmes hommes qui
reprochent à la monarchie pontificale de n'avoir point d'armée,
lui reprochent de tirer l'épée. D'après eux, la Papauté aurait été
mise au monde par son divin auteur dans l'état anormal d'un
être disgracié, à qui il est interdit de s'occuper de sa conservation, et elle sort de sa vocation toutes les fois qu'elle ne se livre
pas, pieds et poings liés, à la merci de toutes les oppressions.
Le droit de la défense, Nos très-chers Frères, est dans la nature
des choses, et il n'est pas un être ici-bas qui en ait été frustré
par la Providence. La royauté du Pontife suprême ne pouvait être
constituée dans des conditions exceptionnelles; et si c'est une lâcheté d'attaquer une puissance inoffensive, c'est une lâcheté plus
grande encore de lui reprocher les efforts qu'elle oppose à ses
aggresseurs.

Or, voici, Nos très-chers Frères, les motifs sur lesquels nous
établissons qu'il est du devoir du Souverain-Pontife de défendre
sa souveraineté temporelle. Le Pape doit se défendre, parce qu'il
a reçu ses États en dépôt et non en propriété, des antiques bien-
faiteurs du saint-Siège, et qu'ayant fait le serment de les conserver intacts à la Chaire de saint Pierre, toute transaction ac-
ceptée par lui serait un parjure. D'ailleurs, ce n'est point sa
prépondérance personnelle, mais la liberté religieuse et la dignité
de 200 millions de Fidèles, qui se trouvent engagés dans cette
cause éminemment catholique. Le Pape est obligé de se défendre
comme arbitre suprême de la justice dans le monde, parce que

ses concessions ne seraient pas seulement une faiblesse, mais une
négation du droit de tous les princes et un attentat contre les couronnes ; de plus, la révolution qui le déborde est le mal, l'Église
qu'il représente est le bien ; et entre ces deux extrêmes, il peut
y avoir des heures de trève, mais non des accommodements.
Enfin, Nos très-chers Frères, le Pape est obligé de se défendre,
parce qu'il y aurait infailliblement des ruines dans son empire
spirituel, s'il avait la faiblesse d'abandonner les rênes de son
royaume temporel.

Nous étions arrivé à ce point de notre travail, lorsque nous
reçumes une lettre Encliclique de Sa Sainteté Pio IX adressée à
tous les Évêques du monde. Que pourrions-nous ajouter encore,
puisque notre bien-aimé Père vient de se faire entendre ? Catholiques, vous désirez savoir pourquoi la Papauté ne veut pas ad-
hérer à son dépouillement ? Recueillez-vous dans de graves pensées ; une voix émue est descendue de la Chaire de Pierre pour
vous répondre.

(Segue l'Enciclica del Santo Padre del 19 Gennaio 1860.)

Malgré ces touchantes plaintes et les trop justes inquiétudes
qu'elles inspirent, Frères bien-aimés, ne cessons pas d'espérer ;
nous vous dirons même, suivant le conseil de saint Paul, *espérons
contre toute espérance.* Tournez donc vos regards désolés vers les
collines éternelles : c'est de là', et non de cette vallée de larmes,
que peut venir le secours dont nous avons un si pressant besoin.
La confiance des chrétiens doit grandir en raison de la grandeur
des épreuves, car ils ont pour eux les paroles de la vérité éternelle. L'Église est la colonne de la vérité ; elle ne tombera jamais
sous les coups de ses ennemis. L'Église est bâtie sur le roc : et
cette pierre, posée par la main du divin Rédempteur, porte en
elle-même une vertu d'immortalité, qui défie les complots des

méchants et les efforts de l'enfer. L'Église est une barque ; depuis dix-huit siècles, bien des tempêtes l'ont battue sans l'endommager ; et si l'équipage peut périr, il est de foi que la nacelle ne peut pas sombrer. L'Église est une mère ; quand les temps d'épreuve sont passés, elle reparaît, montrant à ses enfants dociles un front toujours serein, et à ses persécuteurs des bras toujours ouverts pour les recevoir.

Prions donc, Nos très-chers Frères, et prions sans nous lasser : que nos pieux suffrages s'élèvent unanimes et fervents de toutes les Paroisses, de toutes les familles et de tous les cœurs, et Dieu se *souviendra de la douceur et de la mansuétude* de son Vicaire sur la terre ; prions, comme doivent le faire les enfants de la fille aînée de l'Église, et Dieu se servira peut-être encore de notre glorieuse patrie, pour l'accomplissement de ses adorables desseins de paix et de tranquillité.

Enfin, Nos très-chers Frères, levez aussi vos bras au ciel pour nous, afin de nous obtenir cette force tempérée de sagesse, qui nous permette toujours de vous dire, au milieu des périls, avec l'autorité de Cassien : *Sequimini Episcopum* ; *Marchez à la suite de votre Evêque* ; croyez que toute notre ambition est de vous conduire jusqu'à la fin dans les voies de la vérité catholique.

A ces causes, le saint Nom de Dieu invoqué, et après avoir pris l'avis de nos vénérables Frères, les Dignitaires, Chanoines et Chapitre de notre insigne Église métropolitaine ; Nous avons ordonné et ordonnons ce qui suit :

ARTICLE PREMIER.

Tous les jours, jusqu'à la Semaine Sainte, les Prêtres ajouteront à la Messe, les Secrètes, Collectes et Post-communions *pro Ecclesiae necessitatibus* et *pro Papa*.

Tous les Dimanches, on chantera, à l'issue de Vêpres, le Psaume *Miserere*, suivi des oraisons ci-dessus et des versets correspondants marqués au Rituel.

ART. 2.

Il y aura pendant le Carême un jour d'exposition du Très-saint Sacrement dans chacune des Églises paroissiales et dans chacune des Chapelles des Communautés religieuses de la ville de Toulouse, suivant l'ordre indiqué plus bas.

Il sera célébré ce jour-là, devant le Très-saint Sacrement, une Messe pro *Ecclesia*.

Le soir, on fera, au salut, les prières marquées dans le Rituel, pro *Ecclesiae necessitatibus*.

ART. 3.

Chaque Vendredi, en l'honneur du Sacré-Cœur de Jésus, dans l'Église métropolitaine ; chaque Samedi, en l'honneur du Cœur Immaculé de Marie, dans l'église de la Daurade ; et chaque Jeudi dans l'église de Pibrac, en l'honneur de la Bienheureuse Germaine, il sera célébré, pendant le Carême, à neuf heures, une Messe pour demander à Dieu de donner la paix à son Église.

ART. 4.

Nous désirons que dans toutes les autres Paroisses situées hors de Toulouse, il y ait, pendant le Carême, au moins un jour d'exposition du Très-saint Sacrement, et que l'on y fasse, autant que les circonstances le pourront permettre, les mêmes prières que nous venons de prescrire pour les Églises de notre ville métropolitaine. Nous nous reposons avec confiance sur le zèle et la piété de MM. les Curés.

Art. 5.

Nous exhortons les Communautés religieuses et les personnes pieuses à faire chaque semaine une Communion aux mêmes intentions.

Art. 6.

Nous invitons toutes les familles à ajouter, tous les soirs, à la prière, un *Pater* et un *Ave* aux mêmes intentions.

Art. 7.

A chacun des exercices que nous avons ordonnés, et à chacune des pieuses pratiques auxquelles nous avons invité les Fidèles du Diocèse, nous attachons une Indulgence de quarante jours.

Art. 8.

Nous rappelons aux Fidèles parvenus à l'âge de raison qu'ils sont tenus à l'abstinence du Carême ; et à ceux qui ont atteint l'âge de vingt et un ans accomplis, qu'ils sont de plus obligés au jeûne, s'ils n'ont point de dispense légitime.

Art. 9.

« En vertu d'un Indult à nous accordé par Notre Saint Père
« le Pape, en date du 19 Janvier 1860, nous autorisons, pour
« cette année, l'usage des aliments gras le Dimanche à tous les
« repas, et une fois par jour au repas principal les Lundis, Mar-
« dis et Jeudis du Carême, y compris le Jeudi après les Cendres,
« jusqu'au Jeudi de la semaine de la Passion inclusivement. Sont

Append. gen. II. 12

« exceptés les vigiles de saint Joseph et de l'Annonciation de la
« Bienheureuse Vierge Marie.

« Les personnes légitimement dispensées du jeûne peuvent
« seules étendre l'usage des aliments gras à tous les repas du
« Lundi, du Mardi et du Jeudi.

« Le mélange, aux mêmes repas, de la viande et du poisson
« est rigoureusement interdit, même le Dimanche.

« Nous permettons d'apprêter les aliments à la graisse tous
« les jours d'abstinence de l'année et du Carême, même pour la
« collation, excepté le Mercredi des Cendres, les Mercredis, Ven-
« dredis et Samedis des Quatre-Temps, les vigiles de saint Jo-
« seph, et de l'Annonciation de la Bienheureuse Vierge Marie,
« les quatre derniers jours de la Semaine sainte, les vigiles de
« la Pentecôte, des saints Apôtres Pierre et Paul, de l'Assom-
« ption de la Bienheureuse Vierge Marie, de la Toussaint et de
« la Nativité de N.-S. Jésus-Christ. »

Art. 10.

Nous permettons l'usage du lait, du beurre et du fromage
pendant tout le Carême, même à la collation. Toutefois, on ne
pourra user de cette permission, à la collation, aux jours dési-
gnés dans le précédent Article.

Nous permettons l'usage des œufs pendant tout le Carême,
mais non pour la collation, ni pour les trois derniers jours de
la Semaine sainte.

Art. 11.

Ces diverses permissions sont accordées à la charge de re-
mettre au bassin des dispenses, dans les paroisses respectives,
l'aumône accoutumée, obligation dont nous ne dispensons que les
enfants au-dessous de douze ans et les pauvres.

Nous croyons important de faire observer que ces aumônes sont spécialement affectées à l'entretien des œuvres diocésaines, d'autant plus dignes d'exciter toute notre sollicitude qu'elles ont pour objet le salut des âmes.

Art. 12.

Le Canon du quatrième Concile de Latran *Omnis utriusque sexus*, etc., ainsi que l'ordonnance du 21 Décembre 1838, seront publiés au prône le quatrième Dimanche du Carême.

Art. 13.

Le temps fixé pour la Communion pascale commencera le Dimanche de la Passion, 25 Mars, et durera jusqu'au second Dimanche après Pâques, 22 Avril inclusivement.

Art. 14.

Nous accordons à tous les Prêtres approuvés la faculté d'absoudre de tous les cas simplement réservés, pendant le Carême et jusqu'à la fête de la Trinité inclusivement, et depuis le commencement de l'Avent jusqu'au 31 Décembre.

Art. 15.

Nous permettons à MM. les Curés de donner la Bénédiction avec le saint Ciboire après les instructions qu'ils feront pendant la semaine. Le Dimanche, la Bénédiction sera donnée avec l'Ostensoir.

Et sera notre présent Mandement lu et publié au prône de la Messe paroissiale, ainsi que dans les Séminaires, Communautés religieuses, Hospices et Collèges de notre Diocèse, le Dimanche de la Quinquagésime, et affiché partout où besoin sera.

Donné à Toulouse, en notre Palais archiépiscopal, sous notre seing, le sceau de nos armes et le contre-seing du Secrétaire-général de notre Archevêché, le 2 Février, jour de la Purification de la Très-sainte Vierge, de l'an de Notre-Seigneur mil huit cent soixante.

☩ FLORIAN, *Archevêque de Toulouse*

Par Mandement
CADMOLLE, *Secrét.-gén., Chan. hon.*

UDINE NEGLI STATI VENETI

(Diocesi immed. soggetta alla S. Sede)

L'ARCIVESCOVO DI UDINE

AL CLERO DELLA SUA DIOCESI

GIUSEPPE LUIGI TREVISANATO

PER LA GRAZIA DI DIO E DELLA SANTA SEDE APOSTOLICA,
ARCIVESCOVO DELLA CHIESA METROPOLITANA DI UDINE, ABATE DI ROSAZZO,
PRELATO DOMESTICO DI SUA SANTITÀ, ASSISTENTE AL SOGLIO PONTIFICIO,
CONSIGLIERE INTIMO DI S. M. I. R. A., CAV. DI I. CLASSE DELL' I. R. ORDINE AUSTRIACO
DELLA CORONA DI FERRO, ECC. ECC.

A tutto il suo venerabile Clero, Salute e Benedizione.

Di mezzo al religioso commovimento, onde in ogni più lontana parte dell'orbe cattolico si vengono agitando i Fedeli, alla vista orrenda delle inique spogliazioni e dei sacrileghi insulti, del quali è fatto segno il nostro comun Padre e Pastore, il Sovrano Pontefice Pio IX; resteremo noi insensibili e indifferenti, o miei venerabili Fratelli, e non alzeremo la voce a mostrare il nostro attaccamento e il nostro affetto verso il Vicario di Gesù Cristo e verso l'apostolica Sede? E mentre da tutte parti della Cristianità piovono, a così dire, gl'indirizzi, le proteste, le solenni dichiarazioni, con cui e Vescovi o sacerdoti e distinti personaggi e intere popolazioni fanno giungere ai piedi di Sua Santità le ingenue significazioni del proprio rammarico, e i sentimenti sinceri della loro filiale pietà; mentre generosi sussidii si offrono dai fedeli d'ogni contrada, non tanto a sollevare il Santo Padre nelle attuali strettezze, quanto a mostrargli il loro amore ed affetto; mentre illustri scrittori colla sodezza delle ragioni, colla ineluttabile forza del più saldi argomenti, colla evidenza dei fatti ne mostrano i sacrosanti diritti; mentre fra gli acattolici stessi molti si onorano non solo di sostenere la causa del Sovrano Pontefice, ma ne lodano a cielo la incrollabile fermezza, onde egli di mezzo al generale travasamento d'ogni principio, mantiene intatte le sante ragioni della giustizia, acciocchè non crolli nel baratro del disordine la civil società, staremo noi inoperosi senza prestarci ad una impresa sì santa? Sebbene che dico io mai? Mi è noto, venerabili Fratelli, l'ardore con che avete sempre propugnato e propugnate tuttora la causa del supremo Gerarca, che è pure la nostra e quella di tutto insieme il cattolico mondo. So con quanto zelo vi adoperiate a guardare dalle insidie dei lupi le anime che sono alle pietose vostre cure affidate, e conosco insieme come voi siete strettamente congiunti col Capo visibile della Chiesa, col romano Pontefice. Così pure mi è dolce il rammentare, come non pochi fra voi ad un solo mio cenno siano prontamente accorsi ad arrecare della buona voglia il loro obolo, per sovvenire di qualche maniera agli urgenti bisogni del Pontefice, per associarsi a tanti loro fratelli in un'opera meritoria cotanto, e per dare una splendida testimonianza della lor devozione al supremo Pastore; anzi mi è grato il ricordare, siccome taluni, prevenendo i miei desiderii, hanno a quest'ora già porte le loro offerte a tale santissimo fine. Ma ognuno vede, come questi non siano che tenui principii di un'opera, che vuol essere generosa e rispondente al cuore di tutti i miei dolcissimi figli, sempre teneri e sensibili, ove si tratti degli argomenti della cristiana pietà. Bisogna dunque associare i buoni

fedeli ai propril pastori, i laici ai sacerdoli, affinchè il danaro di
san Pietro anche nella nostra Archidiocesi abbia di qualche guisa
a non comparire minore di quello delle altre. Tutti i Vescovi della Cristianità hanno fatto appello al cuore del loro figliuoli, ed
una nobile gara è sorta in ogni Diocesi, e i figli hanno risposto
alla voce dei loro Pastori, per guisa da restarne intenerito chiun-
que si mette a leggere nei pubblici fogli il pietoso racconto degli
spontanei sacrificii, a cui si sottoposero i Fedeli per venire in aiuto
del loro Padre comune. Ad ottener la qual cosa anche presso di
noi, esorto vivamente i singoli Parrochi ad infiammare tutti i buoni Fedeli, che sono ad essi affidati, ad un'impresa sì bella, ac-
cettando anche un obolo solo, che valga a testimoniare la loro
pietà, facendo loro conoscere, come una simile offerta, ove sia
ripetuta più volte, e fatta da tutti ugualmente, venga pure a for-
mare qualche cosa. Sarà poi cura dei Parrochi stessi d'inviare o
direttamente, o a mezzo dei Molto Reverendi Arcidiaconi e Vicarii
Foranei le somme raccolte a questa Revma Curia Arcivescovile,
la quale lo rimetterà al proprio destino.

Miei venerabili Fratelli, per le viscere di Gesù Cristo vi rac-
comando tutti i miei figli: tenetell attaccati, ve ne scongiuro, al
Romano Pontefice ed alla santa Sede apostolica: deh! che il tur-
bine della empietà non gli sbalzi fuori di quest'unica arca di salvezza: guardateli dal veleno d'ogni perversa dottrina: avvezzateli
a rispondere a quei falsi dottori che vorrebbero trascinarli all'errore: Noi veneriamo nel Papa il nostro maestro, la guida sicura
delle nostre coscienze, il Vicario di Dio sulla terra: quand'Egli
ha parlato noi chiniamo a terra la fronte come se ci avesse parlato Iddio medesimo: la voce di Lui congiunta a quella di tutti i
Vescovi è per noi la stessa infallibile voce di Dio.

Venerabili Fratelli, chi non è col Papa, non è con Gesù Cristo, e chi non è con Gesù Cristo è contro di Lui, e quindi è sulla
via che mena ad una eterna condanna. Io non mi dilungo in tal
proposito, perchè so di quanta saggezza siate tutti ricolmi, e per

ciò, augurandovi ogni maggiore prosperità dal supremo Dator di ogni bene mi ho il piacere d'impartirvi con tutta la effusione del cuore la mia pastorale Benedizione.

Udine, dalla Residenza arcivescovile, a dì 19 Marzo 1860.

✠ GIUSEPPE LUIGI, *Arcivescovo*

P. GIOVANNI BONANNI, *Canc. Arciv.*

UMBRIA NEGLI STATI DELLA CHIESA

IL VESCOVO DI PERUGIA

AL SOVRANO PONTEFICE

BEATISSIMO PADRE,

Accolga la Santità Vostra colla paterna sua amorevolezza l'accluso rispettoso Indirizzo, che io in unione di altri Vescovi dell'Umbria e di Monsignor Arcivescovo Vescovo di Orvieto le umiliamo, in occasione di una communicazione officiale testè ricevuta dal governo di Torino. Negli attuali duri cimenti l'aperta e solenne protestazione dei nostri sentimenti e propositi sia condegna risposta alle lusinghe e minaccie di quell'atto governativo, e Vostra Beatitudine degnisi riguardarla qual nuova testimonianza dell'inalterabile nostra devozione all'augusta sua Persona e alla santa Sede apostolica.

Prostrato ai santissimi piedi imploro per essi e per me l'apostolica Benedizione.

Di Vostra Santità,

Perugia, 2 Dicembre 1861.

Umilissimo, devotissimo, ossequiosissimo Servo e Figlio
GIOACCHINO *Card.* PECCI, *Vescovo di Perugia*

I VESCOVI DELL'UMBRIA

ED IL VESCOVO DI ORVIETO

AL SOVRANO PONTEFICE

———

BEATISSIMO PADRE,

Nell'aspra e diuturna procella, che tiene oggi cotanto agitata la Chiesa, e che tante angustie cagiona al nobilissimo cuore di Vostra Santità, noi cooperatori delle vostre sollecitudini e partecipi delle vostre pene abbiam dovuto gemere, e gemiamo ancora in vedendo gli sforzi continui che si adoprano a travolgere questi nostri popoli in rovina, e sottratti al vostro paterno Dominio, separarli ancora dal centro della cattolica fede. A questo scopo niun argomento di seduzione e d'inganno è mancato; e dopo aver promossa o apertamente favorita l'irreligione e il libertinaggio con la libera diffusione di pestiferi libri, di erronee dottrine e di eterodosse istituzioni, non si risparmiarono persino eccitamenti e blandizie verso il Clero, per isvolgerlo dai suoi alti doveri e dall'obbedienza de' suoi Prelati ed averlo poi a stromento della rea impresa.

E perchè questa incontrò un argine insormontabile nel fermo e concorde zelo dell'Episcopato, anche contro di esso si è preteso di spingere gli assalti. Dopo le vane prove, onde è stata parzialmente tentata la costanza di molti venerandi nostri Confratelli nelle sconvolte province d'Italia; diffamazioni, ludibrii, minacce, confische, prigionie, esilii; si venne all'insano disegno di far perorare alla lor volta la causa dell'odierna rivoluzione da penne sleali di Leviti provaricatori. E visto come le loro apologie e perorazioni andassero fallite, quasi suono di bronzo che romoreggia e si dilegua; sopravvenne non ha guari a cimentare la fede dell'Episcopato direttamente un atto officiale (circolare del Ministero così detto de'Culti, 26 Ottobre 1861, n.º 5214), il quale mira a distaccarlo da Voi e dalla causa del supremo Pontificato, e rimesse in campo vecchie accuse, cerca d'impegnarlo ad atti di approvazione o di adesione a tutto ciò che si è fatto, in onta alle inviolabili leggi della giustizia e della religione e ai diritti della santa Sede.

Si pretende infatti che il Clero riconoscesse in diritto e in fatto la vantata ricostituzione di una nazionalità, come è intesa da partiti sovvertitori, frutto di macchinazioni, d'inganni, d'ingiustizie e sacrilegii. Si vuole che esso, come ogni altro ordine o istituzione sociale, abbia a sottomettersi nell'esercizio della sua religiosa missione alla dittatura dello Stato; quasiché il Sacerdozio fosse un'emanazione del potere politico, e da esso, e non da Dio, avesse ricevuto il mandato di annunziare la verità ed ammaestrare le genti. Gli si ascrive a colpa la stessa rassegnata pazienza, con cui subisce traversie, umiliazioni ed oppressure d'ogni forma, presumendosi che si faccia laudatore e cooperatore di una politica, che non si compone colla sua coscienza e coi dettami della divina legge. Gli si promettono per adescarlo e sobillarlo mallevrerio e sicurezze al tranquillo esercizio de'suoi religiosi ministeri, quasi che la serie dolorosa di ostilità e usurpazioni consummate sin qui non lsmascherasse abbastanza la illusione e slealtà di siffatte promesse. Gli si offre infine qual pegno di conciliazione il riprovato ed esiziale sistema della separazione della Chiesa dallo Stato, che equivalendo ad un divorzio dello Stato dalla Chiesa, spinge la società cattolica ad emanciparsi da ogni religiosa influenza, e a dar nelle reti del protestantesimo o negli orrori dell'ateismo. E quando non giovassero queste istigazioni e lusinghe, si minacciano conseguenze funeste a danno della Religione e del Clero stesso, cui si dichiara sottoposto a repressioni politiche, privato d'ogni garanzia civile e abbandonato alla balia dei partiti.

Lo scopo di quest'ultimo tentativo non è dubbioso. Si fa conto senza meno, che il Clero italiano, conculcando i proprii doveri e separandosi dai legittimi Pastori e da Voi principalmente, o Beatissimo Padre, che ne siete il supremo Capo e Moderatore, scenda ad onestare e sanzionare i fatti compiuti dalla rivoluzione, e con ciò si faccia sollecitatore e complice della totale spoliazione e distruzione del sacro Principato della Chiesa, che sì bramosamente si va macchinando.

Veggendo noi con alto rammarico, come da molti mesi si raffinano le arti per maturare così perverso disegno, sentiamo la necessità di ravvivare ed assodare le relazioni di sudditanza e di unione con la Santità Vostra e con la Cattedra apostolica. Ed è perciò, che mentre altri de' nostri venerabili Confratelli nel ministero episcopale o col fatto o cogli scritti van palesando direttamente la loro riprovazione e ripulsa agl'incentivi di quest'atto governativo; a noi piuttosto è sembrato seguire l'impulso di cuore filiale, sollevando a Voi in questo nuovo cimento il nostro sguardo ed eloquio, per testimoniare solennemente anche una volta la nostra perfetta adesione ai vostri insegnamenti e alla nobilissima difesa, che Voi, quantunque in tante guise da degeneri figli amareggiato e contradetto, da oltre due anni sì valorosamente sostenete a trionfo della religione, della giustizia e dei sacri diritti della Sede apostolica.

Questa manifestazione de' nostri sentimenti e propositi, pei quali ci gloriamo di esser sempre con Voi e per Voi, resa di pubblica ragione, sarà l'eloquente argomento che da parte nostra perentoriamente risponda ad ogni lusinga, sollecitazione e minaccia.

Fermi pertanto e costanti negli obblighi assunti con la nostra episcopale missione, o fedeli alle promesse che giurammo sin dal giorno della nostra Consecrazione, noi protestiamo, che in Voi, Successor di san Pietro, Vicario di Gesù Cristo, Capo visibile della sua Chiesa, immutabilmente veneriamo il centro dell'unità della fede, il depositario e il maestro infallibile di tutte le verità rivelate, che si collegano agli spirituali destini ed eterna salute degli uomini. A questo divino magistero s'illumina e si modella la società cristiana; e quando la prepotenza del secolo per soppiantarlo presume di entrare nel santuario e d'imporre una moralità fautizia ed ingannevole, uopo è che senta dalla bocca nostra senza meno ripetere: *Obedire oportet magis Deo quam hominibus.*

In Voi riconosciamo il moderatore supremo della disciplina della Chiesa, dal quale unicamente l'Episcopato e il Clero minore devono dipendere in tutto ciò che riguarda l'esercizio della loro missione e le attinenze della Chiesa con la civil società. Sommamente perciò deploriamo e la pretesa dell'odierna politica che vorrebbe ridurre al suo vassallaggio gli ecclesiastici officii, e la cecità di quei Sacerdoti che, immemori della loro augusta vocazione, si fecero vincere dalle sue blandizie, e abbacinati dalle lustra del mondo traviarono dall'ovile di Cristo.

E in quanto al sacro Principato e al temporale Dominio, contro cui si volgono oggi tutte le orditure e gli sforzi, non accettiamo altri sentimenti e dichiarazioni, che quelle della Chiesa stessa, contestate anche a dì nostri dal suffragio unanime dell'Episcopato cattolico, e da noi medesimi proclamate nelle Pastorali ai nostri diocesani e nel rispettosi indirizzi umiliati al trono pontificale in più occasioni su tale argomento. E mentre, a tenore delle definizioni de' Concilii ecumenici, riconosciamo la inviolabilità delle sacre dotazioni ed ecclesiastici possedimenti, riguardiamo inoltre in questo sacro Principato una ordinazione speciale della divina provvidenza (cui non è lecito a potestà umana di contravvenire) diretta a tutelare l'indipendenza della Chiesa e a garantire al visibile suo Capo la pienezza della libertà, necessaria al conveniente esercizio dell'autorità suprema, affidatagli da Dio su tutto il mondo cattolico. E come mirare senza indignazione collegate oggidì l'incredulità e l'ambizione del secolo ad avversare quest'alto consiglio e a distruggere quest'opera mirabile della provvidenza? E come l'intera cristianità non commuoversi e trepidare, quando colla indegna spoliazione dell'augusto suo Capo, vede messa a repentaglio la stessa economia e indipendenza della Chiesa? E come si vorrebbe che noi non gemessimo sulla funesta illusione di quelli che, per mondani pretesti, si avvisano di poter comporre l'aiuto prestato all'empia e sleale impresa con la coscienza cattolica?

Nella professione di tali principii e convinzioni, e nella intera fedeltà all'apostolica Sede e alla vostra augusta Persona, dichiariamo, coll'aiuto del Signore, di voler esser sempre fermi a fronte di qualunque vicenda, di pericoli e di contradizioni, a cui possiamo essere esposti; che anzi al crescer di queste noi sentiamo maggiormente il dobito di accostarci a Voi, o Santissimo Padre, e nella vostra invitta fermezza e nella serenità dell'animo vostro tra le tribolazioni che Vi circondano, ispirarci e confortarci sempre più nell'adempimento dei pastorali doveri.

Beatissimo Padre! Noi siamo ben fortunati di poter deporre quest'umile e doveroso omaggio ai vostri piedi, nella ricorrenza della memoranda solennità, nella quale colla vostra infallibile parola fermaste la fede dell'immacolato Concepimento di Maria, e per questo grande atto procacciaste alla Chiesa e a Voi stesso un nuovo pegno della sua protezione.

È da questa divina Madre che ancor noi confidiamo di avere quegli aiuti che ci sono necessarii a mantenerci fedeli nel nostro ministero, e la grazia d'imparare da Voi a sostenere con calma e con merito il peso de' pastorali travagli, ed attendere da Dio solo il conforto e la mercede delle dure lotte, sostenuto ad onor suo ed a difesa della sua Chiesa. Faccia la Regina degli Apostoli, che come un giorno ci vedeste stretti a Voi d'intorno per giurare sul vostro oracolo l'immacolata sua origine; così possiamo farvi eletta corona e partecipare alle vostre consolazioni, quando l'eterno Principe de' Pastori, donando la sospirata tranquillità alla sua Chiesa, raccoglierà sul vostro capo la gloria de' trionfi, di che la medesima in tutti i secoli, attraverso alle persecuzioni e conflitti di ogni forma, si nobilitò sempre mai e invigorì.

E in questa dolce speranza imploriamo per noi e pel gregge a noi affidato l'apostolica Benedizione.

Della Santità Vostra,

1 Decembre 1881.

Umilissimi, devotissimi, ossequiosissimi Servi

✠ GIOACCHINO Card. PECCI, Arciv. Vescovo di Perugia,

✠ G. MARIA, Arciv. Vescovo di Orvieto,

✠ LUIGI, Vescovo d'Assisi,

✠ EMIDIO, Vescovo di Città della Pieve,

✠ GIOVANNI, Vescovo di Todi,

✠ INNOCENZO, Vescovo di Gubbio,

ANTONIO Can. BELLA, Vicario Capitolare di Città di Castello.

VALENZA IN SPAGNA

IL VICARIO CAPITOLARE

DELL'ARCHIDIOCESI DI VALENZA

AL SOVRANO PONTEFICE

BEATISSIME PATER,

Vicarius Capitularis huius sanctae Ecclesiae et Sedis Valentinae in Hispania, etsi in gravi et honorifico munere, sine ullis propriis meritis, Capituli Metropolitani gratia, canonica electione obtento, de proximo cessare debeat, dum dignissimus Archiepiscopus electus et a vestra sancta Sede confirmatus pone in via sit ad adipiscendam possessionem Metropoliticae Cathedrae; operae pretium ducit, suo insequendo affectu, ad vestras sacras et supremas aures sua vota, quinimo vota totius Dioecesis, quam usque nunc ordinaria potestate regit, levare grato animo, et opportuna occasione Allocutionis vestrae, habitae die decima octava Martii retroproximi, ab Excellentissimo et Illustrissimo Domino Laurentio Barili, Nuntio apostolico, transmissae, die vigesima quarta huius mensis.

Summopere aestimanda sunt, Beatissime Pater, verba omnia quae in illo sapientissimo contextu vestra diffundit altissima et inspirata eloquentia. Illic enim solida iustitiae principia patent. Illic prospiciuntur admirabili modo annexa heroica conformitas, summa patientia et suprema apostolica maiestas. Illic sublimior cha-

ritas et ampla indulgentia erga miserrimos illos Ecclesiae inimicos
qui in tenebris ambulant, et in umbra mortis sedent, aperte elu-
cent, commemorato sublimi exemplo Salvatoris Domini Nostri Iesu
Christi in Crucis patibulo mundo dato. Illic denique moderna ci-
vilitas spoliata conspicitur suis simulatis captiosisque formis, vi-
ctoriose relegata in sinu proprio, qui nihil aliud est quam iniqui-
tas, aut verae iustitiae et omnium iurium depraedatio.

Haec omnia damnabilia sunt certe, non solum in conspectu
Evangelicae doctrinae, sed instinctu, seu vi sensus communis. Re-
ctissime ergo a Vestra Sanctitate anathematizantur magno placitu
catholici gregis sincere Romanae Sedi addicti, ad quem pertinere
in honore habet humillimus Vicarius Capitularis Dioecesis Valentinae, vester filius addictissimus, qui in pignus suae fidelitatis et
amoris, iuramenta praestita renovare conatur, cor suum et omnia
quae possidet in vestrum solamen offerendo.

Cum detestabilia, inconcussa demonstratione, appareant facta
et consectaria modernae civilitatis; quid mirum quod inter illam
et Supremum Romanum Pontificem non sit possibilis concordia neque transactio? Iesus Christus et Belial nunquam adunantur, sese
mutuo repelluntur; et cum haec sit quaestio transactionis, solutio
negativa clarissime patet. Idcirco iterum atque iterum iustissime
vestra inculcabit sapientia et fortitudo illud memorandum *Non possumus*, quod apophtegma in fronte pseudo-apostolorum iniquae civilitatis infidum permanebit ad confusionem, et viceversa in corde
fidelium manet insculptum in edificationem.

Et certe: Quid exprimit illud inscriptum memorabile *Non possumus?* Absque dubio imperterritam fortitudinem vestri supremi
animi patefacit. Beatissime Pater, utpote providentiale signum
proximae victoriae, quia ubi est fortitudo et sanctitas, ibi perve-
niet certo et secure potens Altissimi digitus ad fidei inimicos de-
bellandos, de quo extant in historia quamplurima exempla.

Tunc Vestra Sanctitas cum Psalmista canere in gaudio poterit
« qui tribulant me inimici mei, infirmati sunt et ceciderunt »; et

fideles catholici cum exultatione et laetitia dicent: « Haec dies quam
fecit Dominus, exultemus et laetemur in ea. »

Haec sunt vota et desideria humillimi filii et servi vestrae
sanctae Sedis, qui benedictionem et gratiam ob innumeras culpas
et omissiones in gubernio ecclesiastico Sede vacante poscit.

Sanctitatis Vestrae, Beatissime Pater,

Valentiae Adetanorum in Hispania, die 30 mensis Aprilis anno Domini 1861.

Humillimus Servus
CALLISTUS A CASTRILLO

WESZPRIM NELL'UNGHERIA

' Provincia eccles. di Strigonia

IL VESCOVO DI WESZPRIM

AL CLERO DELLA SUA DIOCESI

Venerabili Clero Dioecesis Weszprimiensis,
Salutem et divinam Benedictionem!

Magnis calamitatibus ac imminentibus graviorum etiam malorum periculis occurrere satagentes, ad Omnipotentem Dominum exercituum superiori anno, ut par erat, vota nostra direximus, eumque communibus etiam supplicationibus enixe precati sumus, ut afflictionem respiciens populi sui, iniquissimi hostis conatus reprimere dignetur. In his omnibus tamen non est aversus furor eius, sed adhuc manus eius extenta. Et quidem iudicia Domini vera; quis hoc nesciat? At iudicium hoc abyssus tanta, ut non immerito pronuncietur beatus, qui non fuerit scandalizatus in eo. Prius sanguis tamquam aqua in circuitu effusus, nunc dissidiorum fervor et studiose excitata discordiarum incendia, luctuosam deflagrantis Europae faciem ostendunt. Innovatus est dolor, non exterminatus; quia inundaverunt mala, et expertis pruinam irruit super nos nix. Arescimus atque tabescimus prae confusione, quae supervenit universo orbi. Fraus et circumventio et violentia

invaluere super terram. « Quasi liceat, quasi oporteat, sic unus-
quisque rapere festinat, sicque peccatur quasi per ipsa peccata
placeatur [1]. » Anxiam imprimis sollicitudinem animis nostris inge-
runt, quae In Italia in contemptum atque iniuriam Ecclesiasticae
Dignitatis dictis, scriptis et factis, coniurata improborum vi quotidie attentantur; quae cum eiusmodi sint, ut prope nemini incom-
perta esse possint, supervacaneum duco, hic in praesens recensere.
Haec tam acerba rerum publicarum in Italia conversio, iamque in
apertam fidei et disciplinae Ecclesiae perniciem erupit; Ecclesiae
namque auctoritas oppugnatur, imo in turpem servitutem redigi-
tur, sacrae Sedis apostolicae potestas contra ius et nefas divexatur.
Episcoporum iura conculcantur, regimen cuiusque legitimae potestatis labefactatur, mores in deterius prolabuntur, omnium demum
iura et proprietales evertuntur. Quae quidem mala, hisque faventes
perversae doctrinae, ductu auspicioque nonnullorum eius, qui
summa tenent regnorum gubernacula, reliquam etiam Europae partem obruere minantur. Atque illis, qui consilium fecerunt, ut ra-
perent gloriam Domini, Patrimonium sancti Petri, communi omnium catholicorum tutelae creditum, lapis est offensionis et petra
scandali, spoliisque eiusdem omnis inhiat inexplebili aviditate ra-
paritas : adeo ut, mutato in brevi colore optimo, illum ipsum,
quem sancta Sedes apostolica accepit defensorem, sustineat nunc
oppugnatorem. Revelata est species indumenti inimicorum, et gy-
rus dentium notus. Illi quidem dudum iam detecti, imo et repe-
titis vicibus prostrati sunt, quorum animae in malis obstupuerunt,
qui, arma ab eminus ostentantes, in perniciem Sanctae Romanae
Ecclesiae numquam non conspirant, ut Italiae populos a religione
catholica, in qua plurimis nominibus Italiae salus, felicitas et
gloria continetur, alienos reddant; sed recentius manifesta facta
sunt sensa, sollicite antea simulata, illorum etiam, qui rugientes
de excelso, aut sedentes in insidiis, de discordia et scissione se

[1] S. Cypr. adv. Demetr.

existimaut fortiores; qui specio pacis a pugnando revocant; qui
diserti adversus iustitiam, eruditi pro falsitate, truncum in manibus Romani Pontificis relinquere cupiunt imperium, ac legitima
illius venantur partim aperta vi, partim adulationibus vanis et
falsis, nec placere Illi contendunt exhibitione operis, in qua
veritas liquet dilectionis, sed stylo et lingua. Adiiciam hic epistolam Encyclicam Sanctissimi Domini nostri Pii Papae IX ad
omnes Patriarchas, Primates, Archiepiscopos et Episcopos sub 19
Ianuarii 1860 missam, qua sensus animi sui denuo notissimos
reddere cupit, quae ad nostram Instructionem atque aedificatio-
nem omnino aptissima est. Pertransiit iam torrentem anima Bea-
tissimi Patris; ecce ille nunc in medio aquae intolerabilis. Unum
est quod eum absolvit, quod nempe ita egerit cum populis et
principibus, ut possit dicere: quid vobis debui facere, et non
feci? Fuit namque refugium oppressorum, miserorum spes, ul-
tor scelerum, malorum metus, bonorum gloria, regum pater,
legum moderator, qui in adversa recentiorum temporum vicissi-
tudine pro apostolici ministerii officio nihil certe intentatum reliquit, quo cunctae Christianae familiae, adeoque principum non
minus ac populorum bono consuleret, qui pia cuiusque generis
instituta singulari vivificae charitatis studio fovit, quae sive ad
religionis exercitia, sive ad educationem iuventutis litteras porro, artes et disciplinas rite excolendas comparata sunt. Attamen
Dominus cum iratus fuerit, misericordiae recordatur: quia causam
eius agimus, non timebimus, cum turbabitur terra et transferen-
tur montes in cor maris. Glorietur inimicus quantum vult, glorietur in malitia, qui potens est in iniquitate; nostra autem virtus
in infirmitate perficitur. Ecclesia quando infirmatur, Pauli magisterio didicit esse potentior [1]. Itaque si unquam alias nunc certe summa animorum consensione, exemplo non minus quam verbo, testatam reddere debemus tenerrimam, quam Christi his in

[1] S. Bernard. epist. 176.

terris Vicarius iure sibi vindicat, pietatem ac filialem devotionem:
nunc omni vigilantia, zelo, concordibus ac alacrioribus in dies
studiis Inimicorum hominum fallaciae detegendae, tela retundenda,
impetus frangendi sunt, quo ingruenti rerum discrimini occurra-
mus, vitia reprimamus et Ecclesiae reparemus ruinas. Nunc sa-
cerdotali virtute et constantia eo connitendum est, ut non modo
non deficiat, sed pulsis mentium tenebris, reviviscat potius fides
ac christianae legis custodia, quo quidem modo miseriae et calamitates, in populo semper e peccatis redundantes, certo certius
propulsabuntur. Quia vero omnis nostra contentio in irritum cadet
nisi sustentetur robore ex alto, assiduis gemitibus ac plena cum
fiducia aures Divinae pulsemus clementiae, ut confirmet nos spiritu principali; ut Dominus, qui exspectat dissimulatque usque
adhuc, tardans ferire, paratus ignoscere, misereatur tandem et
parcat, Ecclesiamque suam ab omnibus adversitatibus eripiat, imo
eam maioribus ubique terrarum triumphis augeat. Pergamus orare
pro Beatissimo Patre Pio IX, ut vigeat apud eum, prout et incon-
cussum viget, spei robur, erecta mens, et immobilis virtus, et
nunquam non laeta patientia, et de Deo suo anima secura. « Vul-
tus Illius super facientes mala. Timeat spiritum irae eius, qui hominem non veretur, timeat orationem, qui admonitionem contem-
nit. Cui irascitur ille, Deum sibi iratum, non hominem putet. Qui
illum non audierit, auditurum Deum et contra se paveat [1]. »

Oremus porro pro principibus christianis, ut regnum eorum
terrenum coelesti regno proficiat; ut tribuat eis Deus, de Ecclesia
Sancta bene mereri. Oremus, ne committant, ut Ecclesiae glorio-
sum Caput visibile alienae potestati, seu alienae servituti ulla e
parte subiiciatur, ut Cathedra sancti Petri imminuatur iis iuribus,
quibus iustissimo titulo a seculis fruitur. Oremus, ut illi ipsi,
qui Vicarium Iudicis mortuorum et vivorum iudicant, aliquando et
seipsos iudicent, conscientiaeque suas latebras intueantur, verum

[1] S. Bern. de Cons. lib. IV.

no taceant, iustitiam ne abscondant; ut serio cogitent, non detractis, non oppugnatis, sed defensis, sed auctis potius Ecclesiae iuribus regna firmari, quaeque Ecclesiae tribuuntur, Deo ipso tribui, quae contra eripiuntur, Deo eripi, ei nimirum, qui Rex regum est, qui percussit iam reges magnos, qui ipsas aliquando iudicaturus iustitias, iniuste iudicata certe reiudicabit, cuius tribunal sanctus nunc appellat Pater. Oremus demum et pro populis Italiae, qui offensis Summis Pontificibus nihil umquam valere, iisdem propitiis nihil unquam timere possunt, ut tribulationes quas patiuntur, Dominus respiciat, ut iram indignationis suae clementer avertat, utque errantes de errorum tenebris et vitiorum coeno emergant, incedantque per viam consiliorum Dei; alioquin si caput eorum nubes tetigerit, et inter sidera coeli collocaverint nidum suum, quasi sterquilinium in fine perdentur. De cetero cum optime noveritis, Dilecti in Christo Filii! imminentes sacri ieiunii quadragesimalis dies ad id destinatos esse, ut firmius adhaerentes Iesu Christo, qui mortem vicit, nos e morte peccati ad vitam spiritualem consurgamus, ignemque divini amoris resuscitemus in cordibus nostris: tenete, quaeso, non obstantibus quibuscunque adversitatibus, semitam rectam mandatorum Domini, sectamini perennia sedium aeternarum lucra; bonorum pietatem fovete, et longo etiam vitiorum habitu depravatos ad salutarem poenitentiam excitate, ut fidelis populus crescat in scientia Dei, et in omni opere bono fructificet, et uberioribus coelestis gratiae auxiliis munitus a perversis inimicorum Ecclesiae doctrinis constantius abhorreat. Studete sacrosanctam ieiunii quadragesimalis disciplinam intactam conservare, exemploque etiam vestro laudare, circa quam, quod prioribus annis erat stabilitum, observetur. Gratia vobis, misericordia et pax a Deo Patre nostro et Domino Iesu Christo. Amen.

Weszprimii, festo Purificationis Beatae Mariae Virginis, 1860.

✠ IOANNES, *Episcopus*

WLADISLAVIA IN POLONIA

(Provincia eccles. di Varsavia)

IL VESCOVO DI WLADISLAVIA

AL SOVRANO PONTEFICE

BEATISSIME PATER,

Cum luctuoso hoc tempore *Principes convenerint adversus Dominum et Christum eius* [1], ac *frementes* coniurati non meditentur, sed perpetrent quaeque *inania* contra Summum Pontificem, petram et crepidinem Ecclesiae; aequum est, Beatissime Pater, ut *omnes undique Fideles*, propter potiorem *principalitatem* [2] nedum magisterii, sed et acerbissimae tribulationis, *conveniant* ad leniendum moerorem communis Patris, quem, ut olim Iob, virum dolorum, Satan, sic nunc pro salute aeterna et incolumitate temporali ducentorum et amplius millionum fidelium decertantem portae inferi adortae expugnare nituntur.

Non singillatim, ut quondam, sed iunctis viribus et novo obtentu ad fallendos populos hucusque dementatos increduli praepotenti assultu, instar infidelium, *haereditatem Domini vexant* [3] et

---

[1] Psalm. II, 2.
[2] S. Iren. adv. Haer. L. III.
[3] Psalm. XCX, 3.

conculcant Sanctuarium eius [1], ut Dominio temporali adempto ac
libertate Ecclesiae sublata, iurisdictionem primo Vicarii, dein totam Christi Ecclesiam funditus evertant. Cum enim *ex fructibus
dignoscatur arbor* [2], et *contritio ac infelicitas* pateat *in eiis eorum* [3]
perduellium, proinde nefanda molimina palam produntur ex tot cla-
dibus Ecclesiae illatis. Igne ac ferro debacchantur longe ferocius
omnibus abhinc retro Barbaris, qui quondam Italiam invaserint,
adeo ut quae terribilia Prophetae, ipse Salvator ac Apostoli de
consummatione saeculorum edixerint, ad exitum properare vi-
deantur, propeque venturus immineat, si nondum apparuit, *homo
peccati, filius perditionis, ut in templo sedeat, tanquam sit Deus* [4].
In hac *hora tenebrarum* [5], ubi praevalente iniuria ratio exulat et
iustitia conticescit, ut olim spreta natura, sola invidia, ab Israe-
le immemore beneficiorum in crucem actus Salvator, sic licet in-
nocentissimus nunc, Tu Beatissime Pater, suus Vicarius, quamvis gratiae et naturae donis praestantissimus, ob munera in eos
collata, eadem sorte periclitaris. Ut ille licet *Princeps pacis* [6],
obsidebatur a turbulentis [7]; sic nunc *excaecati* complentes pro-
phetiam, *nudant costas, dinumerant ossa, et super vestem tuam
mittunt sortem.* Ut inter suos repertus fuit proditor, renegatus ad
desertores, sic in praesenti tribulatione Tu, Beatissime Pater,
nobiscum illacrymaris consimilem perfidiam. Dum haec sustines
ac malignantibus ingratis, scias, Pater Sanctissime, nos agoniae
tuae imo corde participes, lugubri voce cum Propheta inclama-
re: *Deus, Deus, respice* [8], et non solum compati sub hoc glorioso patibulo, bene vero et commori in hoc supplicio pro Christi

[1] Isai. LXIII, 18.
[2] Matth. VII, 18.
[3] Psalm. XIII, 7.
[4] II. Thess. II, 3, 4.
[5] Luc. XXII, 53.
[6] Isai. IX, 6.
[7] Psalm. XXI.
[8] Psalm. XXI.

Append. gen. II. 15

causa esse promptissimos. Interea condolemus universo orbi christiano, in odium Catholicae fidei, imo in perniciem nominis christiani, ab Incredulis Baltimoro non pridem conspiratis, sub mendaci auspicio libertatis ac unionis Italorum, *terram positam in solitudinem, civitates exustas* [1], Ecclesias dirutas et *abominationem desolationis in templo* [2], *Sacerdotes occisos* [3], *castra sanctorum et civitatem dilectam* a nefariis cinctam, *Satanam solutum* [4], iam defecisse *fidem, abundasse iniquitatem, refriguisse charitatem* [5], ac in promptu esse, *ut Filius hominis veniat in maiestate* [6], *et Angelus mittat falcem quoniam aruit messis terrae* [7].

Sed quia *non est nostrum nosse tempora, quae Pater posuit in potestate sua* [8], *levantes oculos in montes, unde veniet auxilium* [9], et *invocantes Deum, qui non secundum armorum potentiam, sed dat dignis victoriam* [10], fidenter totam spem reponimus In eo, qui *statuit procellam in auram* [11], et aestuanti mari dicit: *hucusque venies, et hic confringes tumentes fluctus tuos* [12], et qui dormit nunc in puppi naviculae Petri, increpabit aliquando tempestatem omnipotenti verbo: *tace, obmutesce* [13]; cuius idcirco auxilium publicis iuxta ac privatis supplicationibus, inde ab erupta persecutione, quotidie cum integra Dioecesi enixe imploramus: Teque, Pater Sanctissime, si quid inde levaminis, in hac *angustia temporum* [14], flebilium dimanare In te quiverit, certissimum esse percupimus de nostra et Fidelium nostrorum filiali submissione, altissima compassione et faventissimis votis: ut Sanctitas Vestra, ad instar Sancti Petri Praedecessoris sui [15], quantocius pro quiete mundi,

[1] Ier. II, 15.
[2] Dan. IX, 27.
[3] III. Reg. XIX, 10.
[4] Apoc. XX, 7.
[5] Matth. XXVII, 12.
[6] Matth. XXV, 31.
[7] Apoc. XIX, 15.
[8] Act. I, 7.
[9] Psalm. CXX, 1.
[10] II. Mach. XV, 21.
[11] Psalm. CVI, 29.
[12] Ioh. XXXVIII, 11.
[13] Marc. IV, 39.
[14] Dan. IX.
[15] Act. XII, 3, 17.

solatio Ecclesiae et bono universi orbis, his malevolorum eripiatur nexibus.

Interim exitium eorum hypocritarum, qui machinantes internecinam sanctae Sedis stragem, non verentur identidem se iactare adhuc erga eamdem venerabundos, perpetuis deflemus lacrimis, convicti verbo infallibili et experientia diutina, eos, cum *ceciderint super lapidem a Christo positum* [1] ut testam petrae illisam, miserrimo *confractum iri.* Ne item silentium nostrum in tanto ausu ac facinore socordis conniventiae arguatur, tot celeberrimorum scriptorum, venerabilium Antistitum, Fidelium universae Ecclesiae, praesertim Concilii Tridentini [2] vestigia prementes, his praesentibus protestamur contra quamcunque invasionem, usurpationem, direptionem, spoliationem, dismembrationem Status Ecclesiastici, territoriorum, iurium, possessionum vel supremae potestatis Pontificiae; omnibus canonibus condemnatoriis dictae impiae factionis intimo cordis affectu adhaeremus, et ad normam Litterarum apostolicarum, die 26 Martii 1860, editarum iisdem poenis, sententiis ac censuris perduelles devovemus; ut si effrons licet praepotens impudentia non vereatur hominum iudicium, ultricis saltem vindictae eius *qui iudicaturus est orbem in aequitate* [3] tremendam pallens perhorrescat sententiam.

Utinam vecordes, fido renegata, saltem historiam ac sanam rationem consulerent; illico suum scelus in Sedem sanctam ipsi quoque damnarent comperturi profecto, Ecclesiam Christi et capacem esse possessionum et Providentia Dei, non nisu humano supremum obtinuisse Dominatum, et cum impendisse utrique prosperitati populorum. Ipse namque Christus, perpetuum exemplar fidelium, possedit necessaria, quae curabat proditor discipulus [4]. Nascente Ecclesia Apostoli fuerunt Administri bonorum a Fidelibus ad pedes

[1] Matth. XXI, 77.
[2] Sess. XXII, 13, *de fr.*
[3] Act. XVII, 31.
[4] Ioan. XIII, 29.

suos collatorum [1]. Saevientibus persecutionibus, ut ceterae, sic praesertim romana Ecclesia possidebat bona terrestria, agnita etiam ab Imperatoribus gentilibus Alex. Severo, Aureliano etc. [2], quae identidem direpta, Constantinus M. restitui mandavit [3]. Sede Imperii aliorsum translata, crevit haec possessio, tum commutatione fundorum in viciniores Italicos, tum larga donatione Fidelium et Principum; donec discisso bifariam Imperio, ac praesertim dilapso in plures Principatus Occidente, instantibus bellis contra Saracenos ab Austro et Barbaros ab Aquilone, a populis Italiae frustra suppetias ex Oriente praestolantibus, unanimi consensu selecti Pontifices, velut supremi Principes, derelictam regionem tutarentur; demum auxiliantibus Francorum armis ac annexis donariis Comitissae Mathildis ceterorumque integram Peninsulam ab interitu servantes, suam effecerint; cuius extrema territoria in feudum cedentes, medium sibi reservarunt: ne late protenso Dominatu metum vel invidiam cuiuspiam cierent, aut nimium angusto, propriae tuitioni ac securitati derssent.

Mirandum plane spectaculum! ut sine pugna, technis vel usurpatione, sed unanimi voce Fidelium, applausu Principum in testem fidei, amoris ac reverentiae ipsorum erga Sedem sanctam, tractu millenario temporum vel potius singulari Providentia Dei, pedetentim Dominatus pacificus, exemplaris, profluus Principibus ac Subditis, rebus sacris ac profanis, scientiis ac artibus, Institutis beneficis ac omnigenae culturae, divino cultui ac fidei per orbem propagandis, imo toti humanitati irrefragabiliter ad utramque salutem praesentem et aeternam perutilis, obtigit Summo Pontifici. Nam nemo sanae mentis et peritus gestorum, haec beneficia in orbem ac imprimis in Europam ab apostolica Sede collata pernegare audet, adeo ut omnem prosperitatem cunctae nationes in acceptis eidem referre debeant. Hinc direptores Status Ecclesiastici,

[1] Act. VII, 35.
[2] Lampr. Vit. Alex. Sev. — Eus. Hist. Eccl.
[3] Eus. Vit. Const. L. II, 39. — Hist. Eccl. L. VIII et X.

quidquid ipsi de se dicant. praeter infamem ingratitudinem, quam graphice praedixit Apostolus [1], velut obstructores huius limpidissimi fontis ac uberrimae scaturiginis multiplicum bonorum habendi sunt. Quinimo ipsam libertatem populorum, quam semper praetexunt, et semper fallunt usurpatores, ut hodie ad oculum clarescit, tot saeculis vere tutti sunt absque ambitioso fastu Pontifices; qui soli ne Principum potestas in tyrannidem, aut subditorum obsequentia in rebellionem degeneret, sua spirituali auctoritate, qualenus usque huc liberi ab omni impulsu extraneo, feliciter impedire potuerunt. Qui ergo excutiunt hanc Sedem supremo Dominatu temporali, eo ipso frustrant orbem hoc inoffenso arbitratu, velut altero Areopago de Republica Christiana summe merito, ac vel ipsam basim spemque omnem cuiuslibet tandem libertatis prorsus e medio tollentes, soli vi belluinae, qua nunc inferiores se Italos aggrediuntur, ima summis mutantes, locum relinquunt. En quo demum recidit coelo aequata carbonariorum libertas, non absimilis priscae servituti, e qua, ut olim Deus Israelem apud Aegyptios, eduxit studiose tot nationes Roma Christiana. Unde qui sapiunt et exoptant optime provisum fore bono publico ac privato, iudicant omnium interesse, ut si fors Principatus temporalis Summo Pontifici hucusque deesset, abhinc eo potius ipsum donari, nedum spoliari oporteret, ob iura generi humano inde tutata vel bona deinceps conferenda. Hucusque gesta loquuntur totius aerae christianae.

Si porro de motivis titulo vel iure Summi Pontificis quaeratur potiundi Principatu politico, nemo sanae mentis diffitebitur, id merito contigisse, ut qui omnibus in spiritualibus praeesset, nemini in temporalibus subesset; qui Christi potestate praefulgeret, neminem nisi Deum superiorem se agnosceret, et diremptor supremus humanarum litium a Deo institutus in dicenda sententia prorsus liber ac independens ab homine esset; et ne, aurea aetate fidei elapsa, quae libenter parebat incompto ac humili Piscatori, suspicacia

[1] II. Tim. III. 3.

quoque saecula, iam Tiara redimitae Maiestati. Successori suo, unquam opponerent studium partium vel extorta statuta In uniis favorem cum alterius dispendio. Liber erat Primatus pontificius his ambagibus unico per orbem stante Imperio; at scisso multifariam in tot Principatus, suprema sua potestas, colluctantibus Regnis pro suo quodque negotio hac illac pene semper agitati, ob partialitatem ex subiectione connaturaliter deduci solitam, iam fieret prorsus inefficax, nisi et comitaretur absoluta omnino libertas. Ictus oculi in gesta Ecclesiae rem in aprico ponit. Si nunc Summus Pontifex agens cum Principibus, ut aequalibus, iniicit tamen metum proclivitatis vel renitentiae alterutrinque; si infausta aemulatione ipsum propitium habendi suae causae pro modo praeponderit in Statu Ecclesiastico, susdeque hodie concutiuntur omnia; quid praesumendum, si politico regimini subiiciatur unius? Non aliud nisi tot futuras Religiones, quot sunt Regna distincta. Unumquodque enim refugiens subiici licet vero, ast alteri subiecto, Pontifici, subrogaret fictum, sed suis nutibus in regimine separatae Ecclesiae obsequentem. Hinc actum foret de Religione catholica, quae in eo sita est, quod omnibus ad salutem praecepta et per universum orbem diffundenda, singulis Guberniis conveniat, nullius sit offensiva, ac vel ideo neutri subiecta. Status enim sunt in Ecclesia catholica, non vero haec in illis, nimium angustis ut tam amplam suis limitibus continere valeant, iuxta Isaiam: *Dirent populi multi: Venite, ascendamus ad montem Domini et ad domum Dei Iacob, docebit nos vias suas et ambulabimus in semitis eius* [1]. Interversi huius Instituti divini conspicua documenta prostant in tot discessionibus omnium aetatum a Romana Sede, et hic unicus est scopus, quo enititur hodierna in eamdem conspiratio.

Demum, si quaestio romana ipso titulo congruentiae foret dimetienda, cuinam hominum hoc Patrimonium competat aequius quam Summo Pontifici? Solium hoc, cui nunc insident seri Successores

---

[1] Is. II. 3.

tribus et amplius seculis, eorum Praedecessores, ne uno quidem
excepto, Pontifices Martyres proprio sanguine pro Christi fide fuso,
velut purpura et inaestimabilibus margaritis condecorarunt. Ipsi
patientia et doctrina idolatriam ac monstra haeresum extinxerunt;
fidem intemeratam ad nostra tempora gnaviter servarunt, eam qua-
qua versum exitu felicissimo et eximia morum cultura propagarunt.
Quae dynastia tot et tam illustres virtutibus ac eruditione recen-
sebit viros? Quae familia, summa rerum potita, adeo valide suae
domui contra direptores, ut haec sancta Sedes praescriptione mille
ac ultra annorum Principatum firmabit? Nonne ipsa sola, inversis
paulo Tertulliani verbis, usurpatoribus suis iure exprobrare poterit: *Hesterni estis et omnia* mea *toties saecularia impleristis* [1]. Iuste
metuite vestris possessionibus novellis, qui omnium in orbe anti-
quissimam diripere non erubescitis; neque sero sapiatis, exemplo
enim vestro mundus effectus spelunca latronum, quorum qui for-
tior, eo ipso innocentior erit, ut ipsi iam passim experimini.

Si porro demagogis ac aliis impostoribus placeat, ut clavum Imperii teneant non prosapia nitentes sed indole praestantes; nonne
iste exclusive thronus est, qui vacuus, non obstante cuiusvis origine, opplendus, inimitabili per orbem electione, patet solis virtutibus, meritis ac scientia? Prodeant nunc catholicae fidei osores,
novorumque systematum artifices et monstrent alicubi, si queant,
ius aequale omnibus ad Supremum, ut hic, Principatum; et sci-
ant, Ecclesiam iam diu actu perfecisse istud bonum, quod ipsi,
licet pessimo ingenio, vix mente concipiunt. Si ergo velint principiis stare, encomiis prosequi, non insidiis appetere hanc Sedem
deberent, ut quae in sua institutione, electione, indole ac fine,
omnium regiminum typus spectari mereatur, ac media terrenarum
possessionum gloriae Dei et saluti animarum impendat, quorum
sano usus ideo solum a Creatore hominibus concessus, excellen-
tior esse nequit ullus.

[1] Apolog.

Haec sunt et erunt, Deo adiutore, sensa nostra in obortis turbis a rebellibus circa Dominium politicum sanctae Sedis. Tu vero invicem, ut praemium nostri filialis affectus testemque tuae in nos charitatis paternae, pronis ad tuos pedes ac suppliciter efflagitantibus, aeque Pastori ac Fidelibus Dioecsis nostrae, tuam apostolicam Benedictionem largiri benigne digneris.

Sanctitatis Vestrae,

Wladislawiae, die 30 Augusti anni 1861.

Obedientissimus ac addictissimus Filius

✝ Michael Marszewski, *Episcopus Wladislaviensis seu Calissriensis*

AFRICA

ABISSINIA – VICARIATO APOSTOLICO

IL VICARIO APOSTOLICO DELL'ABISSINIA

AL SOVRANO PONTEFICE

BEATISSIMO PADRE,

1. Coll'animo inorridito e dolentissimo per la novella qui giuntane delle tristezze ed iniqui fatti ultimamente commessi contro l'indipendenza ed integrità del Dominio temporale della santa Sede, vengo ai piedi vostri santissimi per presentare un' umile parola di condoglianza e di conforto. Parola che viene dalla divozione smisurata, che sento per la santa Sede, ed è quale devo al ottimo Padre la tenera riconoscenza di figliuolo grandemente beneficato. Poichè, come dice san Cipriano, la solidarietà di quell'ultimo apice apostolico che in Voi risiede, e che pel sacro diritto d'onore e giurisdizione è centro eziandio della grandissima famiglia cristiana, è stata fidanzata a tutti i Vescovi; è la santità eziandio del nostro vescovile giuramento, che ci obbliga a provvedere con tutti gl'ingegni ed argomenti a custodire i diritti e privilegi alla santa Sede annessi. Tutto questo, dico, Santissimo Padre, non mi permette in cotesta furia di vento, che oggi trae contro il vostro Naviglio, a rimanerne riposato e senza protestare.

2. Unito adunque a tutto il cattolico Episcopato col venerabile Vescovo Lingonese e mio amatissimo Coadiutore, coi Missionarii

altresì miei cooperatori, e suoi novelli Cattolici dell'Abissinia, tutti ad una veniamo al vostro cospetto a spandere, per prima cosa, lacrime a Dio perchè ci salvi; e per confessare eziandio altamente edire : Voi, Santissimo Padre, essere veramente Pietro, ed il fondamento sodo su del quale Gesù Cristo ha sì fermamente fabbricata la sua Chiesa, che contro quella non v'è forza nè potestà d'Inferno che avesse giammai a prevalere. Confessiamo dippiù come a Voi fu fatto il deposito delle Chiavi del regno dei Cieli, perchè ogni cosa da Voi legata nel mondo fosse legata nel Cielo; e quello che avrete sciolto nel mondo sia altresì sciolto nel Cielo.

3. La confessione, Beatissimo Padre, di questa credenza ed uberiosissimo dono che la Chiesa nostra Madre credlò dal suo Sposo divino, è il miglior presente che abbiamo a mano per offrirvi, ed argomento ben ricco di lenitivi a quell'asprezza immensa di dolore, che oggi provato.

Or, come vorrebbe essere il fatto crudele di costoro, che vogliono il nostro Padre amantissimo sì satollo di oltraggi e di fiele? È, come pare, un volervi sottoposto agli editti assaissime volte sciolti dei regoli e signorelli liberali; ed ai plebisciti d'ogni più pessima gente. Un voler legare l'augusta mano al Paciere delle Nazioni, ed impedire la sua benefica azione sulla famiglia umana. Un volere avvolgere il Legislatore universale delle genti nei placiti puerili del laico od idiota. Un voler interdire al Padre Santo dei popoli fedeli la dispensazione ed il libero regime della sua famiglia, ed abbindolare l'arbitro dei più grandi destini umani nel laberinto delle politiche, alce spesse volte, e scostumate. Questo è il divisamento e pessimo consiglio, Beatissimo Padre, dei congiurati ai danni della santa Sede.

Ma di questo fremito pagano il senno cattolico tutto inorridito rifugge; e cel sappiamo ben noi, il Pontefice e Padre di tutti i credenti essere il benedetto dal Dio del Cielo e della terra perchè non dovesse mai essere soggetto a verun giogo nemico. Preconizzato egli dalla divina bocca Maestro solenne e Dottore

infallibile d'ogni credere retto e ben operare, vuole egli essere
libero nel precettaro, nel discutere, nel diffinire, e che la sua
Cattedra sia posta in un terreno vergine ed immune d'ogni qual-
chesifosse signoria laicale. E poiché al Trono del Sommo Pontefice
debbono umiliati comparire popoli credenti e regii fedeli, quindi
egli il Pontefice vuol essere altresì, tra i Principi e Regi, Principe
e Re. Questa in tutt'i tempi è stata la dottrina dei Sovrani maggiori del Cristianesimo, e fin dei Sovrani talora eretici ed infedeli.
Chè, salvo il cattolico ipocrita o rinnegato, il falso politico ed il
giansenista, il filosofo e il liberale, tutti gli altri uomini sanno
essi bene questa essere l'opera veramente cristiana e quale usci
dalle mani del suo divino Autore, e che nessun omicciattolo mai
non abbia a guastarla. Vedete voi, indagatori sagaci di quelle
leggi, colle quali tutte le cose di questo visibile mondo fanno e
reggono i movimenti loro, vedete, dico, matematica giustezza di
curvature, di misure, di numero e di tempo, e come il minimo
che di tante maraviglie, di corrispondenze e di ragguagli non
fia sospeso o ritardato o cangiato da tutta quell'altra maraviglia
del vostro accademico sapere. E tutto questo nondimeno non è
più che immagine bene scarna degli statuti e reggimenti eterni,
che il Dio del Golgota e del Taborre ha dato all'opera sua maggiore, a questa Chiesa presieduta dal Re-Pontofice. E questo spiega altresì il come ed il perchè di quella sua intima forza vitale,
colla quale il cattolico Episcopato posa sempre e trae verso la
santa Sede, come al suo centro: e come dipiù la gerarchia in-
feriore ed il semplice popolo fedele da questa episcopale virtù
investito ed animato vanne ratta al centro medesimo. Arbore augusto adunque è questo regio Pontificato, che venne da Dio pian-
tato in quel punto proprio dell'universo mondo, ove meglio a lui
piacque; perchè abbia quinci e non d'altronde a coprire dell'ombra
sua salutare tutta la terra, e tutta arricchirla della prodigiosa ubertà del suo frutto immortale. Se ne vorrebbe per avventura
arrestarne lo svolgimento ed il cammino? Stolto consiglio! Chè

coll'intimo suo divino rigore ogni più forte indugio, quasi canape sottilissimo, rompendo, e sempre nell'usato suo passo trionfale vanno a spandere i torrenti della sua luce vitale fin sul capo dei più degeneri ed ingrati. Quanti adunque, Padre Santo, di cotesti campioni feroci sgannati e ripentiti, e tutti vergognosi di quello che oggi tramano, verranno dal Padre ottimo ed amorevole? Voi, per fermo, metterete allora tutta in festa la vostra benedetta famiglia.

4. Ma cotesti che oggi giungono ed imperversano contro il nostro Sommo Pontefice chi sono mai, vorrebbesi pur sapere; e di quanta valentìa? Ombre vane, Beatissimo Padre, che vengon fuori dai sepolcri maledetti degli Ussiti, dei Geronami di Praga, degli Arnaldi da Brescia e di altri ferocissimi declamatori contro l'augusto vostro Trono. I quali, colle coperte dei filosofi liberali e nel frasario del cinico Voltaire, vengono a recitare le medesime bestemmie di quelli condannati. Gli attori son ben quelli; ma i tempi e l'arena sono cangiati. Le sapientissime riforme del Concilio di Trento han tutto guastata quella loro malignità di giuoco. Ed in vero, tranne oggi la più pretta malizia ed il più feroce odio della verità e di Dio, chi più vorrebbe oggi rinnovare quei vieti richiami del decimoquarto e decimoquinto secolo contro la santità dei ministri principali della Chiesa? Certo che oggi, come in quella tristezza di tempi non sentiamo penuria di principelli avidi di quello della Chiesa, e d'animi turpi, che fin la santità vorrebbero insudiciare delle onorabili nozze cristiane. Beati loro se fossero giumenti, e non creature fatte all'immagine di Dio! Ma salvo questi vituperi e bruttare umane, ov'è più oggi il fedele, che nella semplicità della sua credenza e dell'animo non voglia bene al suo prete, al suo Vescovo ed al supremo Gerarca soprattutto della Chiesa?

5. Bella prova oggi ne danno e larga dimostrazione quello smisurato numero d'indirizzi, che piovono da ogni parte per attestare al supremo Moderatore della Repubblica cristiana riverenza grande ed amore incredibile; unita a detestazione ed abborrimento

senza misura per gli empii spergiuri e vilissimi felloni, che levano
le loro calcagna brutali contro del loro Signore ed Unto di Dio.
Il discepolo oggimai ed il dottore, il Vescovo ed il sapiente pub-
blicista e fin il protestante della rinnegata Albione vuol essere
oggi l'apologista della santa Sede. L'istoria, Beatissimo Padre,
dell'immortale vostro Pontificato parlerà ai posteri di tanta pietà,
di filiale affetto dei vostri 200,000,000 d'intelligenze umane, colla
quale vengono a dirvi ciò che pensano di Voi, e quello che per
Voi vogliono e farebbero. E vedi, dirà l'uno all'altro, grandezza
d'amore dei Fedeli dei tempi di Pio IX verso il Re-Pontefice dei
Cristiani!

6. Vorrebbesi adesso udire da cotesti agitatori: quel vieti per-
turbatori loro che oggi si tolgono a maestri ed a modelli; e quelle tante cospirazioni e fellonie, e quel loro battagliar continuo e
feroce contro il loro Pontefice, ove andarono in fine a riuscire,
se non pure a maggiormente confermare quel Trono Pontificio medesimo, che aveano in mira e voleano annientare? se non pure
a creare quei mostruosi Reggi-Ierofanti dell'Inghilterra, delle Russie, delle Prussie e di ben molti altri principati minori della La-
magna protestante, i quali, com'è provato dall'istoria dei regii
Congressi e raunanze, paiono proprio dall'alta Provvidenza ordi-
nati alla tutela piuttosto, che alla rovina e perdita del regno temporale del Sommo Pontefice? Ed in vero la logica oggimai del diritto
comune delle genti non potrebbe più permettere, che gli odierni
liberali ricominciassero da capo quel pessimo lavoro degli eretici
del decimoquarto e decimoquinto secolo, e ch'ora sì grave al
sommo Pontefice; se prima pure non abbiano trovato la via da
far prendere alle Sibille auguste ed ai Teocrati del Nord il facile
e dilettevole partito dell'aversi essi a dimettersi e spossedersi di
quel loro pontificato, veramente teatrale e buffonesco. Imperocchè
senza di ciò saria impudenza e temerità senza esempio, se non
pure inquissima empietà, quel venirsene dicendo al Pontefice, veramente Sommo e veramente Re: Voi, dovete per la grandezza e

gloria italiana abdicare il regno a beneficio dei liberali, per la grande ragione, che Voi non sapeste mai regnare; mentre cotesti liberali sono fonti e fiumi di vera gloria e grandezza nazionale!

7. Stoltezza portentosa del liberale, tu vedi adunque come così verresti a rompere la guerra non al Pontefice Re, ma sì a tutti i Re-Pontefici, che nelle cinque parti della terra ve ne sono moltissimi. La fazione quindi dei miscredenti che trama tradimenti alle Romagne, rompe iniquamente i patti, ed ogni giustizia ed equità ha manomessa per rubare il regno augusto di lei alla santa Sede; anche quando i Principi cattolici non fossero del tutto sani di questa sua lebra del Cesarismo, le rimarrebbe tuttavia un grandissimo sconcio a raccomodare, con una turba grandissima di Principi eterodossi.

8. Non vogliate intanto con grandissimo danno vostro illudervi, rimescolatori astuti della carta italiana, e ben ne verrebbe a voi dal sapere, che cotesti Principi cattolici punto non ignorano, che quel vostro pessimo talento, col quale oggi amareggiate il cuore del più benefico Padre, la dimane sarà contro loro rivolto; e sanno essi pure assai bene, che quella medesima ascia, che l'Inghilterra vi ha data per l'ultimo sterminio del Pontefice, sarà posta bentosto alla radice dei loro troni. Accenna Roma per ferire altrove. Simili voi al leopardo dell'Abissinia sempre innocuo, fino a che non abbia gustato del sangue umano; chè dopo bevutone la prima volta, non ha altra di questa più squisita bevanda.

9. Niun dei cattolici Principi non avrà mai nulla da temere, voi ci dite: e noi vorremmo credere alla parola di sì onesta gente; ma lor tuttavia diremo, che ai Principi cattolici non dovrà loro mai reggere il cuore alla vista dell'empio strazio, che pur vuol farsi del Sommo Pontificato, di quella gloria e massima grandezza nonchè vostra, gretti italiani, ma sì di quella immensa famiglia cristiana, della quale i Principi cattolici sono parte precipua; e, nell'ordine civile, figli maggiori. Essi che colla generosità del sangue degli augusti loro Avi redarono di più rispetto senza misura

verso il Santo Padre, e fidanza piena nella profonda sapienza venuta in proverbio del suo governo ; non vorranno essi mai permettere che ogni più fermo principio del comune diritto, e le basi più ferme d'ogni pubblica ragione dovessero essere conculcate e manomesse nella causa santissima del Pontefice ; ed abbandonarlo alla balía esposta d'ogni vento liberale. Cosicchè so pur non saria per la importanza grave della loro causa propria, pel sentimento almeno dell'onore, che pur può moltissimo sugli animi generosi e nobili, hanno ad essere vivamente ispirati a correre per aita del loro Santo Padre, o modello del più savio governare. Chè i liberali infine sono al punto venuti dell'avere a fare una delle due ; o a quello d'avere a seppellire, Beatissimo Padre, col vostro augusto trono quello altresì d'ogni altro Principe cattolico ed eterodosso ; o all'altro più vero del doversi cacciar nella terra e sparire dal mondo. Imperocchè l'occhio in fin rinasce in fronte ai principi Sovrani, e per la permanenza vostra, Beatissimo Padre, la cittadinanza romana è nobile termine delle loro mire e lodevoli emulazioni.

10. Condizione maravigliosa di principato, Beatissimo Padre, è questa per certo del vostro regno, ed unica al mondo! In esso non ragione alcuna di sangue e di carne, non alcun vincolo di ereditaria necessità di successione : esso ha tutti gli aditi suoi a pervenirvi sempre aperti ai più grandi principi del sangue, ed al più modesto cittadino. E quello splendidissimo collegio dei Porporati, vero consesso di regi, come disse un antico del Senato Romano, e di principi ad una elettori ed eligibili alla maggiore grandezza dell'universo mondo, nella cui augusta ampiezza seggono a scranna magnati, uomini sapientissimi e santi! E perchè uno di loro venga ad essere collocato alla testata dell'angolo e nel più alto posto della Chiesa, altro primato in esso non si domanda, che quello del più cospicuo e grande merito. È adunque privilegio singolare di questo Trono, l'avere a ritrovare nei maggiori suoi perigli le dimostrazioni maggiori d'amore e di forza, quali sono

appunto quello che il mondo tutto attonito vede oggi concentrate d'intorno alla Sedia del Principe degli Apostoli. La quale di più bastare dovrebbe ad operare il pieno disinganno dei liberali più teneri della grandezza d'Italia; quando anche le nostre patrie istorie non avessero chiaramente provato, come il fatto di questa Italia unica e grande sia un'opera poco men che impossibile.

11. Non è bisogno, signori liberali, lo svolgere i volumi dei più solenni storici del nostro paese: chè la Cronichetta sola del Petrarca chiaro abbastanza vi dirà, che l'avere assettata l'Italia in una sola Nazione e regno era sempre il grande pensiero dei padri nostri. Figliuoli essi soventi degnissimi della grande madre, per peregrino ingegno in ogni cosa civile e militare, e con quel loro chiaro intelletto ed operosa mano, sempre a questo termine diretto, dettarono quei volumi di sapienza ripieni, che hanno formato i più grandi Duci e Magistrati del mondo cristiano; fondarono repubbliche, stati e municipii d'onde fu attinto il meglio di tutti questi ordini civili della moderna civiltà, che levarono più rumore e sono in maggiore grido e celebrità. Tutto questo fu pur fatto dagli avi nostri: ma pur tuttavia da quelle sapientissime loro scuole ed officine l'unità nazionale dell'Italia non venne mai fuori! Chè i due o tre Imperatori italiani, anzichè contraddire a questo fatto istorico, viemeglio lo confermano e stabiliscono, a causa di quella loro fievole esistenza e passeggiera.

12. L'Italia ciò nondimeno sarà sempre Nazione unica e grande. Mettete in pezzi questa singolarità di paese; e col politico e militare acciaio smozzicatela come meglio vi piace: questa Tribù eletta ed al cuor di Dio sempre cara, sarà sempre una sola Nazione e grande. Imperocchè le fondamenta della sua grandezza non furono da Dio poste nè nell'ampiezza del terreno, nè nell'unico suo politico regime, nè molto meno nella forza materiale delle armi ed ampiezza di commercio; sì nel suo senno e nel suo cuore, e più ancora nella sua religiosa costituzione ch'ella ebbe da Dio, e che ha più d'ogni altra gente gelosamente custodita. Pari l'Italia

nostra può essere ad ogni altra più grande Nazione in tutti gli
altri generi di primazie: ma per questo suo unico privilegio che
le viene dal Pontefice, le sorpassa tutte. Per il suo Pontefice Sovrano l'Italia vede nelle corti cattoliche il corpo dei Diplomatici
personaggi sempre preseduto dal Nunzio romano; e coll'opera
egregiamente civilizzatrice della Propaganda romana il nome Italiano vanne chiaro in tutti i punti della terra. E potrebbe quindi
uno dire, che se il Macedone conquistatore avesse potuto punto
conoscere di questa smisurata sublimità della Propaganda romana,
certo che allora in luogo di quel pianto, che, come dicono, egli
fece, vedendo di non poter menare le sue falangi al conquisto
del mondo, avrebbe egli invece, come Napoleone I, sentita nobile
emulazione ed invidia quasi di quella Propaganda cattolica, ch'è
nell'Italia e dagli italiani diretta. Qui è l'italiana grandezza, questa la nazionale sua gloria ch'ebbe da Dio, e che non le sarà
mai tolta nè dall'anarchia più dissoluta, nè dal peso o gravezza di
qualsiasi tiranno. E l'esperienza provò questo fatto fermo e certo
altresì prima di questa novella prova. Imperocchè, noi vediamo
l'Unno e lo Svedese, l'Alemanno ed il Franco, l'Arabo e l'Ispano
soggiogarci, tiranneggiarci lungamente perchè avevamo grandemente peccato a Dio. Trovandoci noi italiani sì presso a quella luce da
Dio collocata nella santa Sede come nel suo proprio Candelabro
per illuminare l'universo, il nostro peccare fu di tal perfidia e di
tanto singolare malizia, che ci ha chiamato sul capo il gastigo dovuto alla feccia e bruttura del mondo, umiliazioni ed abbassamenti
incredibili. Ma noi altresì, figliuolanza al cuor di Dio sommamente cara, con tai disastri ha voluto Dio invitare affettuosa-
mente a far senno, e non mai abbandonarci del tutto a distrug-
gerci. Ogni onorato e vero figliuolo dell'Italia intende ben egli
tutto questo. Chè al considerare la disavventura della patria, in
cotesta sì costante calamità del nostro paese, v'è quivi per entro,
egli dice, una di quelle arcane ragioni, per le quali gli stati non
si assettano mai.

13. L'italiano poi degenere e straniero alla sua medesima patria, colla logica del barbaro ed idiota, che assegna la ragione delle guerre, della fame o d'ogni altra peste all'apparir repentino d'un uomo, d'un augello o d'un astro; così, dico, il liberale italiano pronunziando dice: Causa d'ogni nostro male è il Re-Pontefice, che ci portiamo nel seno. Cui noi: Rassegnatevi adunque o datevi pace. Male senza rimedio. Vorreste voi combattere la tempesta ed il terremoto, i divini portenti? Poichè, salvo voi solamente, Iddio e gli uomini vogliono la cosa propriamente così. Ma per pietà degli illusi ed abbacinati domanderemo: Ma è proprio questo trono Pontificio quella ria sega, che el frastaglia e sminuzza tutte le membra? Ponderate e fate d'ogni cosa i giusti ed assennati ragguagli. E ad iscanso d'equivoci, vorreste mai, per prima, dirci di qual natura d'unità nazionale vorreste voi parlare? Poichè di cotali unità ve ne sono molte, ed assai fra loro discordanti. V'è unità, a grazia d'esempio, come dice Salomone, di borsa e di ladroni. E Cicerone n'assicura che i birboni e gli assassini hanno ben essi i loro convegni e comunanze. Imperocchè volendo voi parlar di quella unità nazionale ch'è fondata sul giure, la giustizia e l'equità, e sul benessere vero della repubblica; voi di tutto questo troverete nel governo del Sommo Pontefice scuola e splendido modello. Il quale comechè non del tutto immune da quella polvere ed imperfezione, che quando la non vuoi, pure ne vedi sempre cosperse tutte le cose umane, ha tuttavia un benessere assai positivo e di molto superiore al benessere fin di quelle nazioni, che hanno oggi nome di grandi, e levano più rumore nel mondo.

14. I filosofi mi diranno freddamente; credi d'aver detto molto ed hai dato in nulla. Ma il vero Italiano e del cattolico senno ripieno, può facilmente procacciarsi la più bella ed accettabile prova di questo vero, sol che voglia abbandonare quel pessimo o servile vezzo del nostro paese, onde facilmente diamo orecchio agli invidiosi clamori dei nostri avversarii più feroci. Così praticò il Portogallo, quel piccolo paese e sformatamente ferace d'uomini grandi, così incominciava a fare ella pure l'alta e nobilissima Ispanica gente: così va ora miseramente praticando il Belgio ed il Subaudo paese. Di quelli che ne avvenne? che ne sarà di questi? Come questo vezzo, personificato nel filosofo Pombal, in un tratto potè gettare tante glorie e grandezze portoghesi nel fango o nella polvere! E se oggi vediamo sorgere la Spagna dal suo sanguinoso cenere, ciò le accade pel vigoroso soffio dei Balmes e del Donoso Cortes, che le va ridestando in seno quello spirito suo cattolico, ch'oggi la porta sui moreschi campi a cogliervi allori, sconosciuti forse fino ai più grandi loro antichi capitani. Per gli ultimi poi non avremo altro che pianti a fare ed omei. E tu, donna degli Oceani e tirannica seduttrice delle genti, prendi ed accorda la tua cetera e vieni subito a cantare nel cospetto del mondo universo quel tuo ultimo eccidio, che ti fu predetto, come pare, da Ezecchiello. Noi intanto Italiani facciamo senno delle altrui sventure. E non vogliamo più esser noi ruote caverne e d'ogni più brutta cosa ripieni, e buoni solamente a far eco ai latrati e ruggiti delle nordiche fiere, e sformatamente cupide del volerci tutte divorare le grandezze o le delizie senza numero del nostro Eden e seggio benedetto dell'albero della vita. E l'animo italiano avrebbe paura ei mai o non piuttosto rossore, unito a smisurato disdegno del bando, dai barbari *pronunziato sul nostro paese*, e che nella presente civiltà europea, giù, va dicendo, dal suo trono il Pontefice, che non seppe regnare! Adoperate adunque in guisa voi, generosi e cattolici italiani, che colesto ruggito regicida d'Elisabetta, di Cromwel o di Robespierre non abbia a risuonar mai sulle sante rive del Tevere; quando non vogliate vedervi astretti da quella prodigiosa fecondità di eroi, che è proprio privilegio della Santa Sede, a continuare la gloriosa catena dei Pontefici martiri del Cristianesimo, o le pagine più gloriose dei nostri annali.

15. Quando poi si voglia perfidiare e tuttavia dire, che l'indipendenza della Signoria temporale della santa Sede avversa l'unione

civile che noi vogliamo nella nostra Nazione; vada dunque via d'Italia il Papa e ne disgombri il territorio; noi vi domanderemo: Vorrete dunque voi agguagliare questo vostro grettissimo guadagno all'importantissima cosa della repubblica cattolica? Ignorate voi adunque che 200,000,000 d'uomini, i quali non capiscono nulla di questo vostro orgoglio nazionale, fermamente vogliono la santa Sede assisa in quel punto proprio della terra, che Iddio le assegnò, o che è detto in geografia politica: Stato Pontificio. Vorreste voi, da quel che pare, costruire la casa vostra colle pietre dello sfasciato edificio pontificale? Voi fate mostra così di semplicità o malizia incredibile. I cattolici succennati ve lo impedirebbero efficacissimamente. Quest'opera iniqua vi farebbe nome presso di loro di barbari ladroni, e come accade sempre ai ribaldi e birboni, quest'opera eziandio vi menerebbe addosso il loro potente flagello. E via di qua, dicendovi, via ai ladri della Chiesa, vi astringerebbero a deporre il sacco, e cercarvi il più breve sentiero per campar la vita.

16. Ma il mansueto pensare, Beatissimo Padre, ed il mite parlare agli avversari, di che ne dale sempre luminosa lezione, è meglio dell'acre ed aceloso. Vorreste infine dirci, ch'il ciel vi salvi, vorreste dirci, teneritudini di italianismo, in qual cantuccio di mondo vorreste chiuso adunque il vostro nemico, il sommo Pontefice dei Cristiani! Poichè se gli astri sono pel cielo, i troni regii sono certamente per la terra. Se, come dite, il Pontificato non debbe sopprimersi, dategli quel loghetto, ove da voi licenziato abbia a ricoverare. Intanto vedete, che la cosa potrebbe essere più difficoltosa cho non lo abbiate immaginato. Tutto il mondo infine avrà da voi imparato, qual sommo bene sia l'unità nazionale, e come il Pontefice la manumette tutta da capo al fondo. Il punto adunque che avete a cedere al Pontefice vuol essere, secondo il principio vostro, di così fatta singolarità di natura, che non avesse a guastare l'unità nazionale di nessuno. Imperocchè ogni più reverente popolo del Sommo Pontefice direbbe: Quando Iddio, come

all' Italia così al nostro paese avesse dato il grande privilegio, noi ne saremmo fuor di noi dalla consolazione. Così pure il Sommo Pontefice scacciato, esiliato dagli empi, sarebbe sempre da noi accolto col trionfo, come lo è stato ultimamente dall'immortale Ferdinando II di Napoli. Ma accoglierci in casa il Sommo Pontefice, perche è incommodo allo assettamento degli Italiani, e ne sono stanchi di più averselo; e questo per pura e nerissima loro perversità d'ingratitudine, e non punto perchè avessimo indizio per questo trasferimento del divino volere, che ha chiaramente mostrato volerlo nell'Italia e non altrove: oh! questo poi no! Volle pure Iddio che il popol suo non più avesse a rimanersi in Egitto nella Caldea: volle che la Casa della Madre sua non dovesse più rimanere nel paese ceduto agli infedeli; ecco subito allora che Iddio manda per quest'opera profeti ed Angeli del cielo. Or in cotesti visi italiani nessun vestigio di profeta, e i ceffi loro sembrano assai ben altro, che forme angeliche di paradiso. Con qual buon titolo adunque avremmo a dar mano all' iniquissima cosa ch'essi vogliono? Non vuol dirsi con ciò che il Sommo Pontefice pel possesso che ha giurato mantenersi degli Stati della santa Sede, avesse per questo contratta incapacità d'averne anche degli altri. Senza dir questo adunque, noi vogliamo mettere nella più chiara dimostrazione, che il volere che un qualsisia paese, per il fatto solo dell'esser cattolico, abbia ad allogare nel suo terreno il Sommo Pontefice, messo fuor di casa sua dai liberali, che vogliono così procacciarsi agio maggiore d'imperversare; questo, dico, è il più amaro oltraggio che un popolo possa fare ad un altro; poichè nessun galantuomo debbe mai mettere al collo di altrui il giogo che l'incommoda. Lascio che la disegnazione del luogo convenevole alla santa Sede è fatto d'ordine soprannaturale, e che nessun profano deve mai darsene briga; che senza questo consiglio divino, la sola smisurata lunghezza del tempo, il consentimento unanime delle genti basterebbero a renderlo sacro ed inamovibile; che la geografica giacitura dell'Italia ed il suo carattere ed indole

latina, fatta per le istituzioni permanenti, pare che vogliano in
certa maniera giustificare, nonchè il fatto umano che ha luogo
nella istituzione italiana della santa Sede, ma fin la divina dispensazione che vi presiede e l'ha voluto; che infine le cose che ne
raccontano le nostre istorie dei beni grandissimi e senza numero
che l'Italia riceve dal Sommo Pontefice che possiede, sono di tanta
altezza e vero benessere cristiano, ch'ogni minimo pensiero contrario al possesso di tanto bene, che per avventura potesse mettersi a traverso d'un animo italiano, avrebbe a coprirlo di pro-
fondissimo rossore o confusione e vergogna indicibile.

17. Vediamo, Beatissimo Padre, riuscire a nulla ogni indagine
e studio fatto per vedere, se mai vi sia qualche filo di luce logica e di equità per entro a quel discorrere sì sconnesso dei liberali; e ci crediamo quindi licenziati a denunziare che tutto questo
moto di procella presente viene o dall'orgoglio più smisurato, o
dal più cieco odio verso Gesù Cristo e la sua religione, ovvero,
il che pare più certo, dall'orrendo connubio di questi due demoni
tristissimi. Ed i liberali, che a questo veramente mirano e questo
vogliono, essi non l'ignorano certamente; ma non amano che ven-
gasi pure a sapersene un niente del tristo lor consiglio, ed eccoli
quindi a gettarvi sopra coperte e veli ed a bandire: che il Pontefice
non debbe egli abbandonare la Città eterna, nè che molto meno ei
debbe venir chiuso, come ai tristissimi tempi dei Frangipani, dei
Cenci e d'altri cotali, in santa Maria Maggiore, nel Laterano ed
in Castel Santangelo; ma che riverentemente si riponga nelle am-
piezze nobilissime della Città Leonina, ed ivi custodito e ben mu-
nito dalle armi dei galantuomini liberali, si rimanga a pregare
nella più bella calma degli Angeli beati. Il Sardo galantuomo, il
galantuomo Nizzardo, ed il Farini il decretarono. E voi milioni
di cattolici e feccia di mondo ne siete tutti incaricati della pronta
esecuzione. E così vedesi come, la più ridevole commedia sia giuo-
cata nelle cose anche più vitali e gravi! Ed i comici empii, o
gl'impudenti spettatori, ci dicono: Ecco ben provveduto ad una

alla diguità, del Pontefice, al benessere cattolico; e per te, gloriosa Italia, ti abbiamo aperta la via di venirne alla vera ed ultima
tua grandezza!

18. È dunque cotesta tempesta che abbiamo oggi sul capo,
tutto frutto d'orgoglio stupido e balordo dei felloni e rinnegati.
Alla quale, a vero dire, Beatissimo Padre, avete voi messo riparo
col grande Decreto del 1854 e col monumento di piazza di Spagna, destinato a perpetuarne la memoria; avete fortemente zelato
l'onore del Tempio vivo di Dio, ed il vostro doppio Trono dovette
di presente esser fatto segno di guerra inudita e smisurata. La
divina Donna, per la quale avete sì gloriosamente combattuto, Ella
vede tutto e tutto sa. E mette già la sua mano per trarne fuori
il Drago e cangiare tutta questa fierezza di procella in sorgente
larghissima e ben dolce di nuove glorie e grandezze pel vostro
doppio Trono. Cosicchè se fosse lecito giudicare secondo verisi-
mile, questo dovrebbe essere il disinganno dei semplici, il ride-
starsi dello spirito e genio assopito dei Cattolici; e la caduta infine
della maschera dal viso dell'Ipocrisia, e l'ultimo taglio di quella
siffatta malefica ficaia che ne conturba assai.

19. Il semplice accalappiato dal liberale, dal più astuto genio
torino: « Che bello vedere, ei dice, sarebbe oggi, che la pietà
delle anime buone e generose provvedesse alla vita del Pontefice
e di tutta la più alta gerarchia, come ai tempi degli Apostoli,
non colle lautezze certamente dello Matilde di Canossa e di altri
siffatti scropatori degli Stati; sì bene come le Maddalene, le Gio-
vanne di Cusa, e le Susanne del Vangelo, loro porgendo tutti i
giorni pappi, ciotole e scudelle. » Gli occhi infine nasceranno in
fronte a cotesti semplici, e vedendo essi così l'unghia ed il dente
della belva che l'ingannava: mamma buona, grideranno salvate-
cene tutti. E lo asceticismo allora degli Scariotti sentirà di fetore
d'inferno al loro cuore. Gli orbi così vedranno la luce, e quelli
milioni di braccia fedeli sentiranno il vigore rinascere nel loro
animo. Le loro leggende n'assicurano com'essi furono sempre

Append. gen. II.   18

pronti egualmente dell'ingegno o della mano, cosicchè un momento d'azione saria loro bastante per prendere quel branco di spini e d'aridi stecchi liberali, che pur vorrebbero loro chiudere il passo da liberamente venire dal loro Padre e Sommo Pontefice, e sotto i piedi cacciarsi quei regii *placet* dei regoli ghiottoni o traditori; e la valentìa di quei valentissimi uccisori degli svizzeri all'ospedale non varrebbe certo a contenerli. Imperocchè debbono I liberali eroi ritenere bene a mente, che quando i forti d'Israello custodiscono il Trono del vero Salomone, i Zomzommim allora ed i Raphaim ed ogni altra genìa scellerata e maledetta a fronte del Cattolico vigore è nulla di nulla. E poi, questo eziandio è da tenerselo a mente. In ogni cattolico petto vivono due giganteschi sentimenti o smisuratamente grandi: il sentimento della regia sua dignità, perduta prima e poscia da Gesù Cristo rendutagli nel Battesimo; e l'altro è il sacro sentimento della sommessione dovuta al legittimo potere, che chiava e stringe ogni vero e giusto regime di governo. Quindi sorge nel cuore cattolico un diletto immenso alla vista del real diadema, che splende nella fronte del Sommo Pontefice e suo Padre Santo; poichè questa corona è da ogni cattolico avuta in conto di gloria e regio onore di sua famiglia, mentre è simbolo altresì della sua futura ed immortale grandezza. Poichè, come dice il Savio, Padre onorato, gloria del figliuolo: quindi il cattolico ha come fatti a sè medesimo gli onori resi al Re-Pontefice, e ad ogni oltraggio a lui fatto sente bollirsegli nell'animo una santa collera, che con Geremia dice: Guai, guai a noi: la corona cade dal nostro capo; e, con impeto smisurato corre a sorreggerla, a confortarla, a sempre più fermamento stabilirla. Questi sentimenti infondonsi nel petto cattolico col latte materno; e senza punto cambiare favella, essi chiamano il Sommo Pontefice col loro infantile linguaggio: nostro Papa e Padre Santo.

20. Disingannato quindi che avrà i semplici, e confortati di più i cattolici animi, avrà a finire questa procella, Padre Santo, colla totale dispersione dei perfidi caparbii. E l'inno, che avranno

a cantare i Fedeli a questa vista, sarà quello di Giobbe, e diranno: *Tenuisti extrema terrae, et excussisti impios ex ea.* Cosicchè, Beatissimo Padre, quando Gesù Cristo di presente vi prenderà per la mano, Voi attonito allora avrete pure a dire: « Donde tutti questi si sono raunati por venire a me e trarre al Vaticano? »

21. Ed ove mai un solo degl'illusi avesse a dubitare di sì chiare dimostrazioni del vero della cosa, o a mettere in dubbio, il che non pare più possibile, la smisurata vostra dolcezza paterna pei traviati; dovrei io allora conchiudere quest'umile espressione dell'animo mio col dire: Beatissimo Padre, Padre Santo, perdonateli perchè non sanno. Ignorano che l'azione del sommo Pontificato è sì larga e forte, che non v'è umano potere che valga ad impedirlo. Ignorano che il Pontefice romano e dalla carcere e dal trono ha sempre temporalmente regnato. Ignorano che, salvo gli empii, tutti i Cristiani vogliono il Sommo Pontefice indipendente nel suo Dominio temporale. Ignorano che la guerra che hanno oggi rotta al Santo Padre, accenna il romano Pontefice e ferirà altrove. Ignorano come questa unità nazionale dell'Italia è fatto dall'istoria provato poco men che impossibile. Ignorano che il temporale reggimento degli Stati Pontificii è modello, quasi direbbesi, perfetto d'ogni sapiente equità di governo. Ignorano essi infine che cotesta cattolica Sede da Roma rimossa, senza nuovi miracoli, non troverebbe mai più un altro sito da potervisi allocare e stabilire. Ignoranza, Padre Santo, pura ignoranza; ecco il giudizio più mite che uno potrebbe fare di quelle sacrileghe enormità ed empii orrori che hanno oggi luogo contro la vostra temporale Signoria. E pure, per i grandi fatti del vostro glorioso Pontificato, siete già della schiera dei Pontefici che hanno maggiormente illustrato la Cattedra di san Pietro, per via di quel forte amore ch'essi aveano per Gesù Cristo, loro divino Maestro. Donde quei grandi argomenti di meravigliosa mansuetudine, d'amorevole invito, di grandissima e santissima tolleranza verso gl'ingrati, adoperati da Voi per condurre i traviati alla cognizione della verità.

Dai quali argomenti ed esempli veramente apostolici, noi, Santo Padre, ci sentiamo tutti confortati a camminare sull'orma vostra santissima, se non in altro, in quello almeno dell'unirci a Voi per piangere insieme e pregare, che la fiera tempesta abbia subito a calmarsi e veggansi effettuati i fervidi desiderii del vostro cuore pel ben della Chiesa universale.

22. L'Indirizzo, Beatissimo Padre, degli Abissini vostri divoti, e scritto nella loro lingua propria, m'ha preceduto; ed io, come più vecchio, arrivo più tardi. Ma giugniamo tutti in buon punto per avere ad ammirare i prodigiosi cangiamenti o risorgimenti gloriosi di migliori ordini di cose.

Vogliate degnarvi intanto di confermarci, secondo il divino precetto, colla vostra apostolica Benedizione, tutti noi Abissini ed Europei, Fedeli e Missionarii; questo popolo parte sì minima assai devota del suo gregge, e l'ultimo ed il più indegno dei vostri Vicarii, il quale col bacio dei piedi santissimi è sempre,

Emcullo, nel Vicariato Apostolico dell'Abissinia, 5 Maggio 1860.

Umilissimo vostro Figlio e Servo
✠ GIUSTINO, *Vescovo di Nilopoli, e Vicario Apost.*
dell'Abissinia

IL VICARIO APOSTOLICO DELL'ABISSINIA

AL SOVRANO PONTEFICE

———

BEATISSIMO PADRE,

Mi rincresce al sommo, che la Lettera scritta a Vostra Santità da Monsignor De Iacobis, sin dal Maggio dell'anno passato, siasi perduta. Egli l'avea scritta anche a mio nome, essendo io in allora di lui Coadiutore, e perciò in quella credeva d'aver anche io soddisfatto il mio dovere, essendo in essa espressi i sentimenti, che ci erano ad ambiduo comuni. Egli avea di più fatta scrivere dai nostri Preti Indigeni una lettera, nella quale esprimevano a Vostra Santità l'orrore, dal quale sentivansi invasi contro di quegli Europei, che essendo di Vostra Beatitudine i figli primogeniti, la ricambiavano con sì indegni trattamenti dell'amore, che verso di loro ella nutre. Ma tutto si è perduto [1], ed io non posso supplire ad una tal perdita, perchè non ho conservato copia di tali lettere. Solo posso dirlo quale era la sostanza di quella scritta da Monsignor De Iacobis, poichè avendola insieme progettata non ne ho perduta la memoria.

Provava egli colla storia, essere incompatibile la dignità Papale colla suddilanza a qualunque siasi potenza umana, facendo vedere che i Papi eransi sempre trovati nelle più terribili angustie nel dirigere il gregge di Cristo, per li continui ostacoli che

———

[1] La Lettera di Mons. De Iacobis giunse finalmente in Roma, ed è la stampata innanzi a questa.

loro opponevano i Re loro padroni. Faceva vedere quanti scismi, quante dissenzioni, simonie e scandali d'ogni genere risultassero dall' intromettersi che facevano i Re nella elezione del Sovrano Pontefice, ecc. È vero, egli si opponeva, che oggi I Sovrani ed i loro sudditi da vane apparenze sedotti, ci dicono con ampollose parole, che non siamo più in quei tempi d'ignoranza, nei quali si faceva fascio d'ogni cosa, confondendo l'autorità spirituale colla temporale; che i progressi fatti o nelle scienze o nella civilizzazione han fatto conoscere quello che devesi a Dio esser di natura diversa da quello che devesi a Cesare, o che perciò puossi benissimo a nostri dì stabilirsi una Chiesa libera in uno Stato libero. Ma se è così, egli rispondeva, perchè i Sovrani dei nostri giorni non sono eglino i primi a darci prova dei progressi fatti, col rinunziare alle usurpazioni fatte dai loro antenati sulla autorità spirituale? Perchè i Principi protestanti, che tanto gridano contro del Papa Re, non rinunziano alla autorità spirituale che hanno usurpato sui loro popoli? Perchè i Sovrani cattolici non finiscono mai di stringere sempre più i legami, coi quali tengono strette le mani dei pastori, affinchè non possano usar la bacchetta onde costringere le loro pecorelle a camminare per la via retta del Signore? Eglino usurpano tutto giorno ciò che appartiene a Dio, e gridano che si renda a Cesare ciò che gli appartiene. Ma di grazia: fateci prima conoscere che voi non volete immischiarvi in minima cosa che appartenga alla Chiesa, e poi esigete da noi che niente ci immischiamo in ciò che appartiene al vostro Governo. Allora avrete ragione, allora potremo credere alle vostre parole e fidarci delle vostre promesse.

Ma quand'anche queste nuove idee che tanto si vantano ai nostri giorni, non fossero in pratica, che vere chimere, o potessimo sperare di trovar l'età d'oro che dopo il peccato si è per sempre perduta, o mai non si troverà slontanto che gli uomini siano a passioni soggetti; chi ci può assicurare per l'avvenire? Non è così facile trovare Re galantuomini, e soprattutto consoli o dittatori coscienziosi! Ma l'Italia non sarà mai una nazione grande sino a tanto che il Papa sia Re. Ah miseri, o volete rialzare l'Italia col levarle la più bella gloria, che essa abbia sempre mai avuta? O siete insensati, o fingete di esserlo! Leggete la storia, e vedrete a quale stato si è sempre ridotta l'Italia ogni qualvolta il Papa n'è stato scacciato.

Ma noi vogliamo il Papa a Roma, lo vogliamo libero e ricco più ancora di quello che è presentemente; lo vogliamo onorato e rispettato, e guai a quel Re che vorrà umiliare il Papa! Saremo noi i primi a difenderlo, e scacceremo l'orgoglioso Re dal suo trono. Eh..... che queste sono celie da fanciulli! si vede quel che fareste in allora da ciò che adesso fate.

Ma io perdo il mio tempo a gettare, come suol dirsi, l'acqua nel mare. Questa materia è già stata trattata e sviluppata da altre penne, bene alla mia superiori! Quindi il miglior partito per me a prendersi, si è di unirmi a tanti celebri Vescovi che prima di me hanno espressi sì eloquentemente i loro sensi a Vostra Beatitudine, e aderendo ai loro pensieri farmeli miei, e colle stesse parole professare a Vostra Santità quei sentimenti di rispetto ed amore, nei quali baciandole i piedi imploro l'apostolica Benedizione.

Abissinia, li 20 Agosto 1861.

✠ LORENZO BIANCHERI, *Vescovo Legionense,*
e Vicario Apost. d'Abissinia

CAPO DI BUONA SPERANZA

(Vicariato orientale)

IL VICARIO APOSTOLICO

DEI DISTRETTI DEL CAPO DI BUONA SPERANZA

AL SOVRANO PONTEFICE

SANCTISSIME PATER,

Propter commotiones continuas in Aemilia a profugis ex omni Europa eiectis, machinationibusque Imperiorum externorum excitatas, nobis perhorrentibus satis constat, rerum copiam Sanctitatis Tuae valde deesse. Membra mystica corporis Christi, Tibi eius Vicario nostroque Capiti visibili in istis procellis miserrimis, annuente Divina Providentia, luctanti, auxilio esse tum per arma orationis ferventis et assiduae a Te iam praescripta, tum quoque ex nostra re familiari, nos omnino debere sentiebamus. Et ideo coactiones argentarias ad mille et quadringentos solidos, tabulario huiusce mensis dedimus perferendas Archiepiscopo Dubliniensi, ut quamprimum iu manibus Sanctitatis Tuae locarentur: summa quidem parva, pauperes enim sumus et perpauci; spes tamen pergrata nobis venit, Sanctitatem Tuam, non valore eius attento, multo tamen magis fidelitate nostra erga sanctam Sedem spectata, a nobis sortem Sanctitatis Tuae ex animo dolentibus, illam benigne accepturum.

Provoluti ad pedes Sanctitatis Tuae apostolicam Benedictionem humillime imploramus.

Sanctitatis Tuae,

Graham's Town, Cape of Good Hope, 1861.

Obsequentissimus Filius

✠ Patritius Moran, *Episcopus Dardaniae et Vicarius Apost.*

IL VICARIO APOSTOLICO

DEI DISTRETTI ORIENTALI DEL CAPO DI BUONA SPERANZA

AL CLERO E AI FEDELI DELLA SUA DIOCESI

PATRICK

BY THE GRACE OF GOD AND FAVOR OF THE HOLY SEE, BISHOP OF DARDANIA
AND VICAR APOSTOLIC OF THE EASTERN DISTRICTS
OF THE CAPE OF GOOD HOPE,

To the Clergy and Laity of said Districts,
Health and apostolic Benediction.

Dearly Beloved Brethren,

We cannot allow the opportunity which the Lenten Pastoral affords us, to pass without drawing your attention to some subjects of great importance to the universal Church and to you.

PATRIZIO, per la grazia di Dio e della S. Sede, Vescovo di Dardania e Vicario apost. dei Distretti orientali del Capo di Buona Speranza, al Clero ed al Popolo dei medesimi Distretti, Salute e apostolica Benedizione.

Fratelli dilettissimi,

Noi non possiamo lasciar passare l'opportunità che ci offre la Pastorale della Quaresima senza chiamare la vostra attenzione su di alcuni punti che sono di grande importanza per la Chiesa universa e per voi.

First and chief amongst these is the attempt which is now being made to rob the Church of Her Temporal Sovereignty — the Papal States. This is an attempt of which we cannot remain unconcerned spectators; for this Sovereignty is the property of the universal Church, and is necessary for the due exercise of the Pontifical Authority.

History informs us, that as long as the Popes were subjects, their lot was for the most part either martyrdom or exile. The Temporal Power under which they lived, either called upon them to abjure the Faith of Christ, whose *vicars* they are; or to govern the Church, not In accordance with the principles of truth and justice, but in obedience to the fancies of Heretics, Schismatics, and Politicians.

Such is the teaching of the history of the first seven centuries of the Christian Era; and whilst it records the unflinching fidelity and the triumphs of the Roman Pontiffs, it unfolds to us many a bloody page, on which are written the agonies of Holy Popes, the fearful torments of suspense, the consequent melancholy fall of many weak

---

Il primo e precipuo punto si è l'attentato ora commessosi per ispogliare la Chiesa della temporale sua Sovranità, cioè a dire degli Stati pontificii. Questo è tale attentato che noi non possiamo rimanervene Indifferenti spettatori; poiché questa Sovranità è proprietà della Chiesa universa ed è necessaria per il conveniente esercizio dell'Autorità pontificia.

L'istoria c'insegna che sino a che i Papi furono nella condizione di sudditi, il loro destino si fu per la maggior parte o il martirio o l'esiglio. Il potere civile, sotto del quale essi vivevano, eccitavali o ad abiurare la fede di Cristo di cui sono essi i *vicarii*, o a governare la Chiesa non secondo i principii del vero e del giusto, ma giusta i capricci degli ereticí, degli scismatici e dei politici.

Così ne insegna l'istoria dei primi sette secoli dell'era cristiana; e mentre essa ricorda l'intrepida fede e i trionfi dei romani Pontefici, spiega pure ai nostri occhi molte pagine di sangue nelle quali stanno scritte le agonie di Santi Papi, le crudeli angosce del vivere in continue incertezze, e conseguenza di tutto ciò, le miserande cadute di molti deboli cristiani:

Christians; and warns us with a loud and stern voice to spare no
exertion to prevent a return of such scenes and dangers.

For twelve centuries the Popes have been Temporal Sovereigns
over the Roman States, possessing titles to this Sovereignty the
most legitimate and the most sacred ever possessed by sovereign.
The gratitude of a ransomed people, whom, to a great extent,
they purchased from actual slavery, fed, clothed, and defended
in the day of their great need, and who implored them to assu-
me the Imperial Authority over them; the conquering sword and
donation of Pepin and Charlemagne; together with a prescription
of twelve centuries are *their Titles*. Where is the Monarch who
can boast of titles so valid and so venerable? The Papacy is the
oldest Dynasty in the world, and existed and flourished centuries
before the proudest nations of modern times had assumed shape
or consistency.

The benefits, too, conferred on mankind by the Papacy, and
to which the Patrimony of St. Peter so largely contributed, con-
stitutes another and one of the proudest titles of the Popes to the

---

el morta per tal modo l'istoria con forte ed alta voce a non risparmiare
fatiche di alcuna sorta per impedire il ritorno di tali scene, di tali pericoli.

Per dodici secoli i Papi sono stati Sovrani temporali negli Stati romani
ed hanno a questa Sovranità i più legittimi, i più sacri titoli che mai da
alcun altro Sovrano siano stati vantati. La gratitudine di un popolo reden-
to, di un popolo ch'essi per la più parte liberarono dal peso di gravoso
servaggio, ch'essi nudrirono, vestirono e difesero nel giorno della sua miseria, del suo bisogno, di un popolo che gli ebbe supplicati ad assumere
su loro l'imperiale autorità; la spada vittoriosa e la donazione di Pipino
e di Carlomagno; e una prescrizione di dodici secoli, son questi i loro
titoli. Qual è il Monarca che possa vantare tanto validi e venerandi titoli?
Il Papato è la più antica dinastia del mondo, ed ha esistito ed è stato
in fiore molti secoli prima che le più altiere nazioni dei tempi moderni
avessero spiegato lo loro forme od acquistato consistenza.

Oltre a ciò i benefizi resi all'umanità dal Papato, benefizi ai quali
tanto ha contribuito il Patrimonio di san Pietro, costituiscono un nuovo ed

Sovereignty of the Roman States. Who rescued Europe from barbarism? — Who snatched from the smoking ruins of ancient Civilization, the last surviving spark of learning and art ; and preserved and fostered it till it burst forth into the effulgence and glory of modern enlightenment? Who preserved the Holy Scriptures amid the crash of Nations and the wreck of Society ; evangelised Europe ; and diffused the light of Christianity into the East and the West? Who abolished slavery in Europe, and saved Society not only during the wreck of ancient empires but even in the modern times? History answers, — The Popes. The Papacy — the Head, the Centre — the animating Principle of the Catholic Church, has done all this, and more. In the blessings conferred by the Papacy on mankind, the Popes possess the highest title to their Sovereignty.

Now what are the reasons assigned in justification of this foul attempt to depose a lawful Sovereign, whose whole life, with all his powers and resources is devoted, and with success, to the promotion of the happiness of his people? Mis-government !! The

---

uno dei più gloriosi titoli dei Papi alla Sovranità degli Stati romani. Chi liberò l' Europa dalla barbarie? Chi strappò dalle fumanti ruine dell'antica civiltà l'ultima scintilla della scienza e dell'arte? chi preservolla, chi la custodì per farla poi dilatare nello splendore e nella gloria della luce dei nostri tempi? Chi preservò le sante Scritture nella dissoluzione delle nazioni, nel naufragio della società? chi predicò il Vangelo all' Europa ? chi sparse la luce del Cristianesimo nell'oriente e nell'occidente? chi abolì la schiavitù in Europa e salvò la società non solo allo sfasciarsi dell'antico impero ma anche nei pericoli dei tempi moderni? L'istoria risponde : I Papi. Il Papato, il Capo, il centro, il principio animatore della cattolica Chiesa, ha tutto ciò e più anche fatto. Nei beneficii resi dal Papato all'umanità posseggono i Papi il più nobile titolo della loro Sovranità.

Ora quali sono le ragioni che adduconsi per giustificare il sozzo attentato onde si vuole deporre un legittimo Sovrano, tutta la vita del quale con tutte le sue forze, con tutto il suo potere si è dedicata, e con buon successo, a promuovere la felicità de' suoi sudditi ? Il mal governo !! Il principe delle

Prince of Darkness is the instigator of the present European troubles, and he is the father of lies. Never was a more false alligation made than the charge of mis-government against the Popes. What is the object of government? Is it not the greater happiness of the greater number? Apply this test to the actual condition of the States of the Church before the present troubles, and what answer do you elicit? Listen — the Roman people are the least heavily taxed in Europe; they are the best provided with the means of education in every department of learning: abject poverty is unknown. There is none of that squalid poverty which abounds in England, for example; — no one is permitted to die of hunger and cold and neglect in the Papal dominions. The system of government is the most paternal in existence: the country the best governed in Europe: the people the happiest; living under the most just and equitable system of laws, administered by the most upright and able judges; paying a less amount of taxation than any other people; and possessing and enjoying as a people more of the necessaries and comforts of life than any other nation.

tenebre è l'istigatore delle presenti turbolenze di Europa, ed egli è il padre della menzogna. Non vi fu mai più falsa accusa di questo rimprovero di mal governo fatto ai Papi. Qual è lo scopo del governo? Non è esso la maggior felicità del maggior numero? Interrogate con questo criterio la condizione degli Stati della Chiesa prima delle presenti turbolenze, e qual risposta ne avrete? ascoltate. Il popolo romano è il popolo meno gravato d'imposte in tutta Europa; esso è il meglio provveduto di mezzi d'istruzione in ogni ramo della scienza: la miseria vi è sconosciuta. Non vi è nemmen l'ombra di quella squallida povertà che regna per esempio in Inghilterra; nei Dominii pontificii non si lascia nessuno morire di fame o di freddo o derelitto. Il sistema di governo è il più paterno che si conosca: lo Stato è il meglio governato di Europa: il popolo il più felice: esso vive sotto il più giusto, il più equo sistema di leggi applicate da integerrimi ed abilissimi giudici: esso paga imposte minori d'ogni altro popolo, e possiede e gode tutto ciò che è necessario, tutto ciò ch'è agio di vita più d'ogni altra nazione del mondo.

But there are troubles there now, raised by the bad ambition of Sardinia, and carried to maturity by the malignity of England. The loyal, peaceable, and industrious majority, the overwhelming majority of the people, is awed into silence and inaction by a few desperate rebels, instigated to violence by the connivance of the French Emperor, by the influence of the English Government; and by the saints of the several Bible Societies, whose Agents manifest their love of truth, of law and order, by strenuously exhorting the Pope's subjects to take up arms against their lawful Sovereign. Against such proceedings let us record our indignant and solemn protest: and prostrating ourselves before the throne of Mercy, continue those prayers, which in obedience to the command of the Holy Father, we commenced some months ago; imploring Almighty God to strengthen and console His Vicar in this emergency, and defeat the machinations of the enemies of our holy Church.

Cape of Good Hope, 1860.

Ma ora quel popolo è afflitto da turbolenze suscitate dalla mala ambizione della Sardegna e portate a maturità dalla malignità dell'Inghilterra. La fedele, pacifica o industriosa maggioranza, la tragrando maggioranza di quel popolo è tenuta nel silenzio e nella inazione da pochi disperati ribelli istigati alla violenza dalla connivenza dell'Imperadore francese, dall'influenza del governo inglese e dai devoti delle diverse società bibliche, i cui agenti ben manifestano qual sia il loro amore per la verità, per la legge e per l'ordine coll'esortare a tutt'uomo i sudditi del Papa ad imbrandire le armi contro il loro legittimo Sovrano. Contro tali nequizie facciamo alto sonare la solenne protesta della nostra indegnazione, e prostrandoci dinanzi al trono della divina misericordia continuiamo quelle preghiere che ubbedendo ai comandi del Santo Padre cominciammo alcuni mesi fa; e imploriamo dall'onnipotente Iddio che avvalori e consoli il suo Vicario in queste sue tribolazioni e che mandi a vuoto e confonda le mene dei nemici della nostra santa Chiesa.

Capo di Buona Speranza, 1860.

IL VICARIO APOSTOLICO

DEI DISTRETTI ORIENTALI DEL CAPO DI BUONA SPERANZA

AL CLERO E AI FEDELI DELLA SUA DIOCESI

PATRICK

BY THE GRACE OF GOD AND FAVOR OF THE HOLY SEE, BISHOP OF DARDANIA AND VICAR APOSTOLIC OF THE EASTERN DISTRICTS OF THE CAPE OF GOOD HOPE,

To the Clergy and Laity of said Districts.
Health and apostolic Benediction.

Dearly Beloved Brethren,

In our Lenten Pastoral last year, in the discharge of an imperative duty, we solemnly protested against the attempt then being made to rob the Church of Her Temporal Sovereignty — the Papal

---

Patrizio, per la grazia di Dio e della S. Sede, Vescovo di Dardania e Vicario apost. dei Distretti orientali del Capo di Buona Speranza, al Clero ed al Popolo dei medesimi Distretti, Salute e apostolica Benedizione.

Dilettissimi Fratelli,

Nella nostra Pastorale della Quaresima dello scorso anno, per adempire un imperioso dovere, noi protestammo solennemente contro gli attentati che allora facevansi per ispogliare la Chiesa della sua temporale Sovranità, cioè

States. We have now to record, with feelings the most poignant, that the attempt then commenced has, for the present, proved successful. The Sardinian Government, in contemptuous violation of the principles of international law, justice, honor, and decency, invaded at a moment when such an invasion was least expected, and without any previous declaration of war, the Roman States, with an overwhelming force; defeated the Pontifical troops; and has sacrilegiously possessed itself of almost the entire country.

The Holy Father is in the deepest affliction, in which all good Catholics share, because by this successful robbery the liberty, so necessary for the due exercise of His Supreme Spiritual authority, as Head of the Church and Vicar of Christ, is endangered; enormous injustice has been done to hundreds of millions of Catholics spread throughout the world; the principles on which rest society and social order subverted; and because, rebellion, irreligion, and immorality have been patronized — nay, canonized, by rulers

---

a dire, degli Stati pontificii. Noi dobbiamo ora ricordarvi col più intenso dolore che gli attentati allora cominciati hanno al presente ottenuto fortunato successo. Il Governo sardo dispregiando e violando tutti i principii del diritto delle genti, della giustizia, dell'onore e della decenza invase, in un momento in cui meno si aspettava tale invasione, e senza previa dichiarazione di guerra, gli Stati romani con soverchiante esercito; sbaragliò l'esercito pontificio o si è sacrilegamente impossessato di quasi tutto quel territorio.

Il Santo Padre è nella più profonda afflizione e a questa afflizione partecipano tutti i buoni Cattolici perchè per questo fortunato ladroneccio vien posta in pericolo la libertà tanto necessaria pel conveniente esercizio della sua spirituale autorità come Capo della Chiesa e Vicario di Cristo: perchè un'enorme ingiuria si è fatta a centinaia di milioni di Cattolici sparsi in tutto il mondo: perchè i principii, sui quali poggia la società e l'ordine sociale, ne sono stati sovvertiti: perchè la ribellione, l'irreligione, l'immoralità sono state protette, che dico protette? canonizzate dai Sovrani e

and governments. In the midst of his affliction, the sympathy and assistance so unanimously accorded to him by his faithful Children of every nation and country, is a sweet consolation, as well as a source of hope that the Arch-enemy of God and man shall not long enjoy his triumph. According to your small means you, too, have done your part. You have prayed, and you pray still for him; you have joined your protest to mine; you have contributed your share to assist him, and it is now my pleasing duty to convey to you the thanks of Our Holy Father, for the liberal alms you so timely sent him, and to inform you that He has imparted to us all His apostolical Benediction.

We are not, however, to rest content with what we have already done : much yet remains that demands the exercise of our zeal and piety. We must renew our protest against the spoliation of the Holy See, and continue to supplicate the Throne of Mercy to abridge these days of trial, and to hasten the triumph of the Church. During this holy season especially, — for « this

---

dai governi. In mezzo a quest'afflizione, la simpatia e il soccorso unanime dei suoi fedeli figliuoli di ogni nazione, di ogni paese, è per lui una dolce consolazione ed anche un motivo a sperare che il capitale nemico di Dio e degli uomini non si godrà lungamente il suo trionfo. Giusta le vostre tenui forze, voi pure avete fatto la vostra parte. Voi avete pregato e pregate tuttavia per Lui : voi avete aggiunto la vostra protesta alla mia : voi avete contribuito il vostro obolo per aiutarlo, ed è ora per me un piacevole dovere il presentarvi i ringraziamenti del nostro Santo Padre per le liberali elemosine che voi sì alacremente e sì opportunamente gli avete inviate, e il rendervi consapevoli dell'apostolica Benedizione che a voi tutti ha Egli impartito.

Non dobbiamo però rimanerci contenti di quello che abbiamo già fatto : molto ancora rimane al nostro zelo, alla nostra pietà. Bisogna che noi rinnoviamo le nostre proteste contro la spogliazione della santa Sede, e che proseguiamo a supplicare la divina misericordia perchè voglia accorciare questi giorni di prova e sollecitare il trionfo della Chiesa. In questi santi

is the acceptable time, these are the days of salvation [1], » — let us humble ourselves before God, and by penance, particularly by fasting, alms deeds, and prayer, endeavour to appease the anger of God, roused by our sins. This is the most efficacious means of defeating our enemies and the enemies of our Holy Church : for if we recover his friendship, and live for the time to come obedient to His law, He will fight with us and « if God be for us, who is against us [2] ? »

Cape of Good Hope, 1861.

---

giorni specialmente, poichè « questo è il tempo accettabile, questi sono i giorni di salute [1], » umiliamoci dinanzi a Dio, e colla penitenza e particolarmente coi digiuni, colle elemosine, colle preghiere cerchiamo di appacificare la collera di Dio che i nostri peccati han provocato. Son questi i mezzi più efficaci per disperdere i nostri nemici, i nemici della nostra santa Chiesa : poichè se noi gli torniamo amici, se noi obbediremo alla sua legge, Egli combatterà con noi, e se « Dio sarà con noi, chi fia contro noi [2] ? »

Capo di Buona Speranza, 1861.

[1] II. Cor. VII, 2.
[2] Rom. VIII, 31.

ISOLE SEYCHELLES

NELL'OCEANO AFRICO-INDIANO

(Prefettura apostolica)

ESTRATTO DI UNA LETTERA

DEL PREFETTO APOSTOLICO DI SEYCHELLES

AI COMPILATORI DELLA PRESENTE RACCOLTA

Se non mi è dato di spiegare tutte le ragioni che si affollano
intorno al mio pensiero e che provano gl'intangibili diritti del
Patrimonio di san Pietro, dopo aver dato uno sguardo filiale sul
fortificante viso della Vergine Immacolata, sfolgoreggiante di bella e nuova gloria per l'opera di Pio IX, prego che mi sia permesso d'esporre un sunto di quanto ho creduto prudente d'is-
truire il popolo affidato alle mie cure, onde premunirlo contro i
sofismi dell'empio.

Dopo la lettura di alcuni giornali di Parigi che riguardar si
denno come organi dei rivoluzionarii, e d'altri fogli dell'isola
di Maurizio che non sono che miseri copisti dei fogli francesi ed
inglesi; ho dovuto conchiudere che tutti i sofismi di cui si cerca
inondare l'Italia ed il mondo, onde cattivare la moltitudine e
spronare gli spiriti rubelli contro un trono il più sacro del mondo, che conta tanti secoli di vita, non sono che le mille faccie

di due mostruose Idre. La prima si racchiude in questi termini :
« Gesù Cristo non ha giammai pensato di legare un Trono ed un
Regno al suo Vicario : al contrario egli ha dichiarato l'opposto.
I Papi l'ambizionarono contro la volontà del cielo ; l'ignoranza
dei popoli aprì loro il cammin del Trono. » Se in questi detti si
scorge una sacrilega ipocrisia, un assurdo ridicolo, si vede nel-
l'altra idra coverta di queste parole : « Se il Papa abbandonasse
il Trono reale non si occuperebbe che della Chiesa ; non sarebbe
allora attaccato dalle passioni politiche nè dalle adulazioni degli
ambiziosi, ed io allora si riprodurrebbero i prodigi dell'antichi-
tà : la Religione si dilaterebbe, e l'Italia divenuta una si co-
ronerebbe di maraviglio e sarebbe la nazione più potente e più
illustre dell'Europa. »

Io come figlio del vero, assiso all'ombra della croce, lungi
dalle agitazioni politiche, dico innanzi tutto, e verserei il mio
sangue per sostenere ciò che dico, che il Principato civile e temporale della santa Sede, se non è un articolo di fede, come si
ripete fino alla nausea, è non ostanto incontestabilmente un'istituzione divina, in maniera che colui che lo tocca si rende colpevole di lesa divinità. E come no ?

Coloro che sfogliano continuamente il Vangelo per trovare qualche frase onde mascherare i loro perversi disegni, non hanno potuto finora trovare che quel : *Regnum meum non est de hoc mundo*,
da tanti ripetuto, senza neppure forse conoscere in qual circostan-
za il Salvatore pronunciava queste parole. Senza rivenire ancora
dopo le mille e mille volte a dare a questa frase la vera spiega-
zione, per far conoscere a tutti che quest'arma, che i nemici della
santa Sede impugnano, si rivolta contr'essi loro, io inviterei colo-
sti tali a considerare che il buon Gesù, per non mettere neppure
in apparenza la sua parola in contradizion col vero, soggiunse subito : *Nunc autem Regnum meum non est hinc* : parole che devono
naturalmente sottintendere : *Postea Regnum meum erit hic*. Ma per
essere breve come mi son proposto, io invito questi sagrilegi a non

occupare i loro spiriti prevenuti sulle parole che Gesù Cristo pronunciava innanzi al tribunale dei suoi nemici; ma bensì di riflettere sopra quel sublimissimo discorso che il Messaggiero celeste pronunciava, prostrato ai piedi della Vergine Madre, eletta a generare nelle sue viscere il Verbo Eterno, e nell'istesso tempo a conoscere il destino del divin suo Parto. Fra le altre cose che san Gabriele diceva, vi era questa: *Dabit illi Dominus Deus sedem David Patris ejus*. Queste parole oltre il senso mistico, che racchiudono, come spiegano i Santi Padri, prendendole, come ci lice, nel senso letterale, io vorrei domandare al nemico più accanito della santa Sede, all'eretico che non ha mica posto ancora il piede sulla soglia dell'ateismo, ov'è ora questo trono, questo seggio reale di Davidde avo del Salvatore? Certamente il trono della Palestina nei giorni antichi non era spirituale o fantastico: ov'è dunque questo principato temporale che il Messia dovea ereditare? Bisognerebbe esser cieco per non vederlo e non riconoscerlo in quello ove il Papa, quel Vegliardo, immagine, Vicario e Luogotenente dell'Antico dei giorni, s'assidе colla triplice corona sulla fronte. E chi potrebbe dubitarne? Il fatto che lo pruova è troppo palente per lasciare dei sutterfugi alla sacrilega perfidia che vorrebbe servirsi del Vangelo, per scuotere e rovesciare quel trono che Dio sostiene per la difesa del Vangelo.

In vero, il trono di Davidde dovette vuotarsi ed abbassarsi riverente un istante innanzi il Messia che veniva; lo scettro di Davidde dovette cadere dalle mani di Giuda, perchè Gesù Cristo ricever lo dovea non dalla creatura, non dal consenso dei popoli, non dall'annuenza dei Potentati, ma direttamente da Dio suo Padre, che l'avea eretto e stabilito colla forza dei prodigi. Il Messia quindi trionfava e conquistava il Mondo; il trono davidico dovea rilevarsi per ricevere colui, della cui forza e virtù Davidde fu grande: non mica però nella città deicida, che dai ceppi del suo delitto avvinta attendeva il fulmine della divina vendetta che incenerir la dovea. Non si corona di gloria chi è condotto all'opprobrio, non è saggio di piantare il germe della vita là dove il cielo ha destinato d'essere il nido della morte.

San Pietro che portava nel suo cuore I diritti, il destino, ed i poteri che l'Emmanuello avea sulla terra, istrutto da quello spirito che insegna ogni cosa, trasportò questo trono davidico col diritti al principato temporale di Gerusalemme in Antiochia, come per rimirare per l'ultima volta quella terra intrisa del sangue divino, come per dire a quel popolo deicida: ciò che formava la tua gloria e la tua vita s'allontana da te; i sospiri, i gemiti ed il lutto copriranno la tua gioia feroce. Ma che, san Pietro restar potea fra le mura di Antiochia? No; Egli dovea trasportare al lato del temuto trono dei Cesari che difendeva il paganesimo condannato a morire, quel trono divino, e con questo il germe del principato spirituale o temporale, che dovea crescere e dilatarsi, non col mezzo della spada, ma colla pazienza e colla palma del martirio. Qui mi pare di sentire la tuonante voce di san Leone il grande: *Beatissimus Petrus princeps apostolici ordinis ad arcem romani destinatur imperii*. Il ciel lo volea: e san Pietro volò e depose nel silenzio delle catacombe di Roma il rilevato trono di Davidde, per farlo sortire quindi dopo i giorni della pruova quale immenso Terebinto a distendere i suoi rami dall'uno all'altro mare, fin dove nasce e si corica il Sole, per ricoprire i popoli e sostenere coronato fra mille e mille palme l'Emmanuello vivente, e reso visibile nella Persona del suo Vicario, che oggi noi veneriamo ed inclinati chiamiamo Papa. Per più di tre secoli questi Sommi Pontefici che si succedettero, ascendevano su questo trono, non come l'ambizioso per sfolgoreggiar di gloria, ma come veri seguaci del Crocifisso per inaffiarlo col loro sangue e per ivi deporre la palma del martirio. E con questa maniera prodigiosa, divina, unica nei fasti dei popoli il davidico trono grandeggiava nel centro dei sette colli. Or è d'uopo riflettere che la passione è sempre egoistica e non opera che per lei sola: chi può trovare dunque in questi sommi atleti l'ombra stessa dell'ambizione?

mentr'essi non si riguardavano depositarii di questo trono divino
che per lasciarci la vita? E di questa lunga serie di martiri di
differenti famiglie, di differenti nazioni e di differenti generazioni
che si lasciarono trucidare non solamente per l'istessa fede, ma
benanche per non aver voluto abbandonare il posto ed il sacro
deposito di tal trono, è un prodigio che sorprende il genio più
vasto; prodigio che l'Eterno ha fatto brillare per far comprendere alle intelligenze le più passionate o prevenute, che il Trono
ed il Principato della santa Sede è una sua istituzione, e guai a
chi lo tocca. Vediamolo con più chiarezza.

Passati che furono i giorni della pruova, altri miracoli coronar
doveano un sì maraviglioso prodigio. Costantino ancora infedele
all'ombra della Croce, contro tutti i calcoli della ragione, trionfò
sugli sforzi bellicosi di Massenzio e conquistò Roma. Ma una sì
bella e prodigiosa conquista era un'opera del cielo, non in favore del protetto Imperatore, ma bensì in vantaggio del trono davidico affidato al legittimo Successor di san Pietro, che rappresenta
sulla terra il Figlio della Madre Vergine. Ed in fatti questo gran
Costantino, illustrato che fu poscia dalla fede, vide che questo
trono col suo principato toccar non poteasi senza sacrilegio, senza
rendersi colpevole di lesa divinità. Dopo aver piegato la fronte e
prostratosi ai piedi dell'umile san Silvestro che lo rigenerava alla
grazia, rispettoso abbandonò Roma, innanzi la quale e per la
quale avea esposto la sua vita, e se ne andò sulla rovinata Bi-
sanzio, onde alzare le mura della leggiadra Costantinopoli, ed in
una sì bella e rispettosa distanza fissare il suo trono imperiale.
Per esser breve e chiudere la bocca a qualche spirito garrulo
dico, che io non ignoro la storia di questo Imperatore, che conosco il sangue ch'egli ha versato colle sue conseguenze, dopo aver
abbracciato il Cristianesimo; ma se io potessi tutto analizzare ag-
giungerei altra pruova del mio assunto, e direi che Iddio lo volle
e questo principato è un'istituzione divina. L'impero romano crol-
lava, si dissolveva come uno scosso ed abbandonato edificio: ed

il Principato di Pietro fioriva, cresceva, si dilatava, ed i popoli si stringevano intorno a quel Soglio venerato e sacro. Or se non si ammette il mio principio, cioè che Iddio istituiva questo Principato temporale e lo faceva camminare di prodigio in prodigio col suo soffio divino, come il carro ammirato da Ezechiele, noi non potremmo giammai comprendere queste opposte fasi vedute nel tempo stesso. Il potente, malgrado i tesori e le armi, cadeva nella polvere e dalla polvere nel nulla, e l'umile Successor di Pietro senz'armi e senza ricchezze sortiva dalle catacombe, ascendeva sul trono, e là ciascuno lo vedeva risplendere, quale piena luna che faceva giorno in mezzo alla notte di tanti mali. Ma che forse i Papi erano ambiziosi? A mio credere gli stessi nemici della santa Sede non potrebbero vomitare, senza la più sfacciata impudenza, una sì nera calunnia. Forse in allora non vi erano degli ambiziosi? Chi potrebbe dirlo senza mostrare o la perfidia, o l'ignoranza? E quelli che vorrebbero ammettere ed esagerare l'ignoranza dei popoli per sconoscere l'opera di Dio, potrebbero riflettere che ov' è l'ignoranza vi sono sempre i vizii di eguale degradazione, ed ove sono questi vizii si trovano ancora l'insubordinazione e l'anarchia. Ammettiamo ciò che si conosceva in allora, ciò che Vittorio Emmanuele, Mazzini, Garibaldi e compagni fingono d'ignorare, cioè che questo Principato temporale è l'opera di Dio, sopra d'ogni sforzo umano, che lungi dal dover essere rovesciato o diminuito, deve anzi grandeggiare e dilatarsi in proporzione col volgere dei secoli; ed in allora la quistione resta risoluta in tutta la sua evidenza.

Carlomagno che fu l'uno fra gli uomini più istruiti del suo secolo, o vedea le cose nel loro vero lato, nei suoi atti in favore della santa Sede non ha mostrato generosità alcuna, non ha fatto che il dovere d'un buon fedele; egli non ha mica donato, ma solamente riconosciuto, sanzionato colla sua autorità imperiale alla faccia del mondo attonito, alla faccia dell'avvenire, alla faccia dei rivoluzionarii d'ogni età della nostra infelice Italia, che il Principato temporale e dilatante dei Sommi Pontefici era l'opera di Dio, innanzi alla quale ogni testa coronata deve inchinarsi. Del resto apriamo la storia ; ov'è l'Imperatore, ov'è il Re, ov'è un solo ambizioso che ha potuto ristabilire in Roma il trono Imperiale esecrato da quanti Fedeli contava la Croce? Non ve ne ha neppure uno. E se Iddio, per far conoscere ancora una volta che le sue istituzioni sono eterne ed intangibili, ha permesso a qualcuno di metter la mano a quest'opera sacrilega, o ha trovato la confusione come Attila innanzi l'inerme san Leone ; o la sconfitta ed una deplorabile morte per mano straniera come Napoleone I. E se noi vedemmo del Sovrani genuflettere e deporre i loro diademi sullo sgabello di questo sacro e venerabil Trono, ove l'augusto Vicario di Gesù Cristo s'asside, ne ammirammo in pari tempo gli effetti: i loro Stati pieni di quella benedizione che il cielo impartisce a chi rispetta e venera le sue Istituzioni, mantennero nella prosperità e nella pace.

Ancora Napoleone, questa vittima sciagurata dell'isola di sant'Elena (sant'Elena! madre di Costantino! ! ! Quante riflessioni far si potriano! non sono che parole, ma parole che racchiudono dei lomi) allucinato dalla gloria delle battaglie, credette in un momento d'aver il diritto d'esser sacrilego: rivenuto poscia all'elevato suo genio dovette dire: « Sono i secoli che hanno prodotto questo Principato temporale dei Papi, ed hanno ben fatto, ringraziamone il cielo. » Napoleone parlava da politico e perciò così s'esprimeva: ma noi parlando da veri fedeli elevati alla scuola del vero, senza sconoscere la politica, rettifichiamone le parole e diciamo convinti: Il Principato temporale della santa Sede è quello di Davidde, che il Salvatore vivente nei suoi Vicarii ha ereditato, che Iddio ha rilevato e sostenuto con mille e mille prodigi pel lungo spazio di diciannove secoli, e col viso sulla polvere adoriamone l'eterno e provvido Benefattore.

La Chiesa cattolica in conseguenza di tutto questo ed appoggiata sulla fede giurata dal divin suo Sposo, non teme mica di perdere il Principato temporale del primo e visibile suo Pastore. In queste mostruose lotte ch'ella deve sostenere contro gli snaturati suoi figli, non crede far altro che di dissipare col possente suo soffio una nebbia che la malizia umana condensa all'intorno del suo trono reale. È ben possibile di vedere un istante qualche malvivente che vorrà rilevare il fracido trono dei Neroni nella città santa, per ivi sfolgoreggiare di fosforici lumi come Lucifero. È ben possibile ancora di rivedere il vero Successore di san Pietro costretto a nascondersi nelle catacombe, o a ricadere carco di catene nelle prigioni mamertine. Ma posti in queste possibili e lagrimevoli circostanze, i veri cattolici (e grazie a Dio da per ogni dove ve ne sono) pieni di quella fede che fa vedere l'avvenire, diranno sotto la scure stessa del carnefice: il sacrilego tiranno che regna questa sera medesima sotto l'enorme peso della maledizione del cielo e del vilipendio del mondo, cadrà nella esecrata tomba di Nerone, e sarà mescolato con quel cenere infame: e domani il perseguitato Pontefice, quale vera Fenice, risorgerà dalle sue ceneri e tergendo le sue gote solcate di pianto, col dolce sorriso della pace sulle labbra, andrà a posare l'augusto suo piede sopra quel Trono, il più inconcusso ed il più venerato del mondo.

Ma colui che, fingendo di amare il vero, cerca di ornare il falso onde ingannare il semplice, lungi dal rendersi all'evidenza viene di bel nuovo a nascondere la sua perfidia sotto l'ipocrito velo dell'assunto più ridicolo e dice: Se il Papa non avesse ad occuparsi del Principato temporale avrebbe più tempo per occuparsi della Religione. Egli non si vedrebbe circondato dagli ambiziosi, dalle adulazioni, da mille passioni politiche, da tante inquietudini che come una fitta nebbia gli offuscano lo sguardo; libero d'ogn'impaccio vedrebbe spiegarsi innanzi ai suoi occhi un più vasto e più puro orizzonte: ed in allora potrebbe a maraviglia dilatare il regno spirituale di Gesù Cristo. Gl'interessi non progrediscono, il valore cattolico ammirato nei primi secoli della Chiesa è quasi spento, perchè colui che ne è il supremo Pastore ha posposto la Croce al Trono. Che linguaggio ! Potrebbe rendere scrupoloso qualcuno ; potrebbe abbagliare qualche semplice che altro non conosce che il focolare paterno : ma in sostanza esso rivolta di nausea la ragione e fa ridere di pietà Il fedele cho tutto non ignora quel che si passa. Quell'Astronomo che diceva, che se si fosse trovato al lato di Dio nei giorni della creazione, avrebbe dato all'Altissimo delle più belle e saggie regole per daro più d'eleganza e di perfezione all'universo, era meno stolido e men ridicolo che questi tali cho hanno un egual linguaggio nelle labbra.

Se io mi trovassi a parlare con loro, col sorriso di una caritatevole compassione lor direi : Miei cari, invece di parlar nella terra a noi poveri mortali che altro dover non abbiamo che di amare o servire Iddio nel seno della Chiesa cattolica senza inquietarci del resto, bisognerebbe che voi andaste in cielo per rimproverare l'Eterno, d'aver impiegata una saggezza suprema, l'onnipotenza del suo braccio, un' immensa folla di prodigi per sostenere pel lungo spazio di diciannove secoli un Trono, ed un Principato che sono sì nocevoli alla Religione, ch'egli deve aver sommamento a cuore. Là, in cielo, voi potreste domandare a Gesù Cristo, perchè, dopo aver promesso con solenne giuro che le porte dell'Inferno non avrebbero giammai prevalso contro la sua Chiesa, ha lasciato questo Principato, che (secondo voi) è uno scandalo nel cuore del mondo cattolico ? Perchè, noi deplorabili tempi dell'invasione dei barbari, si vedevano tutti i Troni rovesciati, tutti i popoli sommersi ed abbattuti dagl'impetuosi torrenti dei Vandali, degli Unni, dei Goti e Visigoti ; e solo lo Stato papale, il solo Trono pontificale rispettati veniano, se tutto ciò era un ostacolo ai progressi della Religione, per la quale egli ha dato il sangue ? Perchè Attila, che si chiamava la folgore del cielo, il martello del mondo, ed ai cui cenni tremava l'universo, tremò ed impallidì innanzi la giovine Gerusalemme, innanzi l'augusto diadema, innanzi il soglio dei Papi ? Là, in cielo, voi potreste chiedere allo

Spirito che assiste sempre i Papi, allorchè parlano in cattedra, perchè ha permesso a san Leone Papa di dire ai popoli del suo secolo ed a tutti i secoli futuri come una verità incontestabile: *Beatissimus Petrus Princeps apostolici ordinis ad arcem romani destinatur imperii, ut lux veritatis, quae in omnium gentium revelabatur salutem, efficacius se ab ipso capite per totum mundi corpus effunderetur?* Ah miei cari! se voi almeno amate voi stessi (è impossibile, credetelo, che voi possiate amare quelli che voi cercate d'ingannare con un sì ipocrito velo) deponete la perfidia che vi consuma il cuore inutilmente, gettate la maschera che vi cuopre il viso; e siate veri fedeli, veri e saggi figli della Chiesa; e persuadetevi che se per una supposizione impossibile, l'eterno Regolatore dei destini vi desse il potere (come un giorno lo diede al Demonio per infierire contro Giobbe) per rovesciare l'augusto trono, in cui il Melchisedecco della nuova alleanza s'asside, e farlo crollare fino all'ultima base, come il palazzo del paziente Caldeo; la Chiesa cattolica cadrebbe inceppata sulla paglia come Giobbe. Ed in allora, per colmo di disgrazie, ben si vedrebbero, è vero, degli amici a piangere ed a lacerarsi le vesti; ma ben certamente con più orgoglio gli eretici, gli scismatici, i maomettani, i gentili delle Indie, gli adepti di Confucio della Cina si leverebbero terribili per farne un barbaro scempio. Bisogna che il Papa sia Re, e porti sulla fronte una triplice corona, e diffonda i raggi della sua grandezza nel mondo intero, onde svelare i perversi disegni del nemico ed opporre un valido riparo contro quanti limacciosi torrenti potrebbero minacciare il Cristianesimo.

Dite, se pur conoscete il passato, in quale lagrimevole lutto non avrebbe dovuto involgersi il Cristianesimo nel secolo decimo sesto, se Pio V non si fosse trovato Pontefice e Re, asseso sopra un trono inconcusso nei suoi Stati? In quale deplorabile stato non si trovava in allora la povera Malta, assediata dai Turchi? Chi l'ha salvata se non le larghezze che il Padre comune come Re possedeva? Chi ha ordita quella sublimissima lega fra i cattolici, per combattere e trionfare contro gli sforzi brutali delle falangi dell'Imperatore dei Turchi, che ebro della gloria delle armi, pensava di rovinare il Cristianesimo e piantare in Italia e nell'Europa, come nella infelice Spagna, le moschee dell'impostore, se non Pio V che potea agire solamente perchè era Re, e come coronato potea trattar di guerra colle teste coronate? Ammettiamo un momento la terribile ipotesi che allora in Roma fosse stato un Re come Vittorio Emmanuele, che si attira all'intorno la feccia italiana, e come un Mazzini che farebbe, senza scrupoli, della Basilica Laterana una loggia massonica, ovvero un Garibaldi che cambierebbe la basilica più augusta di Roma in un antro destinato a ricevere i selvaggi dell'America; mentre Pio V senza forza e senza voce forse obbligato a piangere, in qualche oratorio privato, i guasti che l'Islamismo avrebbe cagionato al Cristianesimo; dite ove oggi sarebbe la Religione? In quale posizione si troverebbe oggi l'Italia? Date un semplice sguardo alla Grecia ed alla Spagna; l'uno e l'altro paese furono avvinti dalle catene maomettane. La Grecia scismatica, perchè volle sottrarsi al potere dei Papi ed esser priva della forza celeste di quel trono che dà la vita e la gloria, malgrado i suoi amici, ammiratori dell'antica Grecia (come il famoso Lord Byron, dotato di un talento particolare e possessore d'immense fortune, e l'illustre De Lamartine di cui il coraggio, l'energia ed i talenti sono ben conosciuti), freme d'indignazione e di rabbia fra quelle dure, obbrobriose e degradanti ritorte; e non alzerà giammai la fronte senza vedersi nuovamente e più deplorabilmente schiacciata. Riguardate la Spagna; fu invasa dal Saraceno, ma restò cattolica, cioè legata coi nodi della fede e della carità alla santa Sede; soffrì per qualche tempo, ma quindi all'ombra sacra di quel trono eterno, scacciò l'infedele e fece rifiorire il Cristianesimo.

Che se non si vuole considerare il passato, considerate almeno il presente per disingannarvi. Allorquando l'immortale Pio IX era elevato all'auge della gloria, quando i popoli ed i Re, i devoti

e sinceri fedeli, e gli scaltri ipocriti si prostravano rispettosi ai
piedi del suo Soglio reale ; quando gli evviva a Pio IX risuona-
vano per ogni dove ; quando tutti diceano che questo immortale
Pontefice chiamar si dovesse Diodato e che era degno di regnare
nel mondo intero, non esclusi gli Ebrei che lo riguardavano quasi
come il Messia atteso; allora fu che Roma, fiera di un tanto e si
venerato Pontefice, vide i Musulmani, nemici del Cristianesimo,
pavidi e rispettosi prostrarsi nel più basso gradino del Trono pontificale e deporre ai piedi del Vicario di Gesù Cristo il tributo di
rispetto e d'amore : ed in un istante parve che l'Islamismo attonito era per credere che si dovesse disporre a rigenerarsi nel
sangue del Crocefisso. Ed ora? Non posso pensarci senza piangere! Ora che si vuole coprire di vilipendio il Padre comune dei
Fedeli, rapirgli i suoi Stati, rovesciargli il Trono, l'Islamismo
riviene su i suoi passi, si crede potente, getta la desolazione
nelle pendici del Libano, e nelle pianure e nelle colline della Siria
brucia, uccide e perde le famiglie cristiane; mescola e fa ruscel-
lare il sangue dei forti e le lagrime dei deboli : il Cielo è as-
sordato dalle strida, dai gemiti e dalle disperate preghiere di
tanti infelici. Di più, se voi visitaste Missioni straniere, voi ve-
dreste che vi è un gran bisogno di Missionarii, e Roma afflitta e
depauperata dagli empii, cogli Ordini religiosi scossi e disturbati
da tanti guasti, non ha Missionarii per inviare. I Missionarii, che
vi sono, devono a piè fermo raddoppiare gli sforzi ; e questo malgrado, si vedono innanzi o l'eretico, che al conoscere le angustie del sommo Gerarca, s'inardisce e sogna qualche vittoria, o
l'infedele che veglia, non per ricevere la fede, ma per scagliar
il colpo senz'esser punito. Dite ora ingenuamente, ove sono i
progressi della Religione? Vi credete forse assai abili per pro-
varci che vi sono montagne di vita, là dove non si scorge che
precipizii di morte?

Invece di venire a noi per farci ridere con cotesti assurdi, per
non dire pazzie (si persuada ciascuno che non abbiamo bisogno

di ridere, ma d'aver fiumi di lagrime, per piangere tanti guasti e tanti sacrilegii), andate piuttosto a quei buoni Sacerdoti perseguitati, a tanti Religiosi avviliti dalla feccia del popolo senza freno e senza leggi, a tante divote e sante Monache scacciate dai loro asili di pace, a tanti orfanelli sprovvisti dei mezzi di vita che la carità religiosa loro aveva forniti; andate da questi infelici che piangono, e che forse vorrebbero morir di dolore, per non veder il loro diletto e comun Padre sì sacrilegamente oltraggiato. Voi dovete andare per farli ridere coi vostri assurdi, se pure essi non saranno mossi allo sdegno. Siate di buona fede, e dite convinti che i progressi della Religione, la prosperità dell'Italia, il benessere e la pace del mondo vogliono che il Papa sia Re, e come Re sia rispettato sul suo trono ed in tutti i suoi Stati; e che colui che in maniera diretta o indiretta coopera alla violazione dei diritti della santa Sede, si rende colpevole di lesa divinità, qual altro Giuda addiviene traditor della Chiesa, nemico dell'Italia, dell'Europa e del mondo. E quelli che hanno potuto sostenersi fin ora in questi sacrileghi attentati, lungi dal potersi glorificare, devono impallidire: i peccati dei popoli ed i sacrilegii forse di qualche prete, che ha dimenticato la sua vocazione, loro hanno spianato il cammino. Attendete un istante; l'universo intero freme alla vista dei vostri sacrilegii: ogni paese, che è onorato dalla presenza d'un vero cattolico, si dichiara vostro nemico: voi siete quegl'insensati contro cui guerreggeranno tutte le creature. Un altro istante; ed il destino di Core, di Dathan e d'Abiron sarà vostro destino.

Ma l'Italia perchè dev'essere divisa? perchè non può essere una? Io pur anche vorrei che non solo l'Italia, ma l'Europa ed il mondo, se fosse possibile, vivessero all'ombra dell'istesso trono, sotto le stesse leggi, e sotto un medesimo Governo, vivendo tutti uniti coi preziosi legami della carità; ma che il Re fosse colui che è il supremo Pastore dei popoli, colui che è il Padre di tutti, l'unico Vicario dell'unico Salvatore.

— Ma il Governo papale è stazionario — Spiegatevi meglio e dite, che è un Governo paterno che cerca la calma, la prosperità e la pace. Roma è la madre, la culla e la protettrice delle belle lettere, delle scienze e delle belle arti. All'ombra di qual trono si formarono quei celebri uomini che sono oggi la corona e la gloria d'Italia ? all'ombra del Trono pontificale. Ecco il Governo che preferir si deve — Si vuole la gloria delle armi — Voi che ambite questa gloria, ne conoscete le conseguenze ? Invece di vagheggiare le gloriose battaglie di Napoleone primo, leggete le coscienziose relazioni, il deplorabile quadro, che Il celebre Visconto de Chateaubriand presenta in quell'immortale discorso pronunziato nel mese di Marzo 1814 *(De Bonaparte et des Bourbons)* e vi persuaderete che si vuole la rovina totale di una nazione, allorchè si ambiziona la gloria deplorabile delle armi con un Principe belligerante.

Che l'Italia sia una; se tutti unanimamente lo vogliono, io lo voglio ancora; ma innanzi tutto che Vittorio Emmanuele sen vada nelle montagne della Savoia, ed appoggiato sulla tomba dei suoi avi, che pianga i suoi sacrilegii, e cerchi di rientrare nella Chiesa dei suoi antenati; e Pio IX, o dopo lui i suoi Successori legittimi, sia il Re d'Italia. Non credete che sia troppo ciò che chiedo : la logica dei tempi lo vuole: il Cielo l'esige. Quantunque io non sia profeta, pur tuttavia volgendomi prudentemente a riguardar l'avvenire colla fiaccola del passato, prevedo che là andranno a finire le guerre intestine ed i sacrilegii che oggi desolano l'infelice Italia. Ciò che presto nasce presto muore; il cedro del Libano è tardo a nascere; ma dopochè ha lanciate le sue cime nell'aria cozza non solamente coll'aquilone, colla folgore e colla tempesta, ma puranche coi secoli, e nel lottar si rende più robusta, ed altra tomba per lui non vede che la tomba del mondo. Or mi si dica, allorchè il fulmine della divina vendetta rovescerà il trono di Vittorio Emmanuele (e non passerà molto tempo; Iddio è ricco in misericordia; ma non per colui che ha consumato in

mezzo a tante fellonie un sì gran sacrilegio); tutti i troni essendo
abbattuti, tranne quello soltanto del Sommo Pontefice, all'ombra di
qual Governo correrà l'Italia, se quindi l'Inghilterra, o qualche
altro ingordo rapace viene per soggiogarla? So si vuole immaginare
una Repubblica in Italia, che ciascun si convinca, che questa Repubblica avrà l'istessa sorte che la Repubblica di Platone, o quella
immaginata dagli ardori romantici di Bernardino de Saint-Pierre.
E per conseguenza Pio IX, o il suo Successore, sarà il Re d'Italia;
Pio IX che dimentica facilmente le offese; Pio IX che ha un cuore
assai grande per segnare ancora una volta una generosa amnistia:
a Pio IX correrà l'Italia rivenuta dalle sue aberrazioni: lo ripeto,
Pio IX sarà il Re d'Italia in una maniera la più straordinaria;
sarà l'opera di Dio, e tanto basta. Ed in allora si avrà il glorioso diritto di scrivere a caratteri d'oro nel basso di quel sacro
Trono pontificale:

E serve a suo poter chi più si oppone.

Mahè, nei Seychelles, 10 Ottobre 1863.

L'umilissimo, divotissimo, obbligatissimo Servo in Gesù Cristo
Fr. GEREMIA DA PAGLIETA, *Cappuccino,*
Prefetto Apost. delle Isole Seychelles

AMERICA

COCHABAMBA

NELLA REPUBBLICA DI BOLIVIA

(Provincia eccles. di Charcas o La-Plata)

IL VESCOVO DI COCHABAMBA

AL SOVRANO PONTEFICE

BEATISIMO PADRE,

Cuando el pesar mas profundo desgarra el corazon de todos los Fieles católicos al contemplar los sufrimientos de su Padre comun, y cuando al impulso de ese inefable sentimiento manifiestan la mas viva y ardiente solicitud por la conservacion del poder temporal del Soberano Pontífice, por hallarse comprometidos los mas caros intereses del Catolicismo en tan sagrada causa ; parecería criminal nuestro silencio, especialmente de los Prelados y Clero que nos hallamos separados por inmensas distancias de la Ciudad eterna. Pero aunque todos los dias clamamos al cielo con los votos de nuestro amor por vuestra augusta Persona, y con la efusion de nuestra adhesion y respeto al Vicario de Jesucristo con quien están identificados los altos principios de la fé ortodoxa ; creemos un deber, una obligacion, poner á los piés de Vuestra Santidad los sentimientos que nos animan en tan azarosa y difícil situacion.

Por diez y nueve siglos há combatido Roma la contradicion y las agresiones de los enemigos de la Iglesia, y ese gran centro de la unidad católica há permanecido firme, incólume sin que nada hubiesen podido alcanzar contra ella la pluma ó el sable de sus impíos y sacrílegos perseguidores, que siempre hán visto burlada su refinada astucia y destrozada su impotente fuerza. Si, Beatísimo Padre, há permanecido majestuoso é inalterable, apoyado en la cruz sangrienta del Gólgota y há visto desaparecer á sus piés los errores políticos, las sutilezas teológicas y todo jénero de bastardos principios; mas hoy la impiedad se há atrincherado en sus últimos valuartes tocando la trompeta de alarma, persuadida en su ciega demencia, que era fácil apagar la antorcha de la fé destronando al Pontífice Santo. ¡Que ilusion! Todos vemos la luz que brilla en lo alto y á sus resplandores divinos contemplamos con admiracion la verdad imperecedera cumplida tantas veces y confirmada con hechos portentosos. El que sacó con una palabra el mundo del caos, dijo á Pedro: *Tu eres piedra y yo edificaré mi Iglesia sobre esta piedra, y las puertas del infierno non prevalecerán contra ella.* Y ¡qué consuelo para los que creemos! ¿Y no se há cumplida esta divina y solemne promesa en mil ocasiones en que la Iglesia y su augusta cabeza se hán visto á punto de zozobrar? El infierno con todas sus potestades há formado las tormentas mas aterradoras que se hán estrellado contra esa roca inconmovible levantada en medio de un océano, cuyas olas entumecidas se hán roto siempre á su alrededor y hán ido á humillarse á sus piés como el obediente lebrel á las plantas de su Señor. Sin ir á remotos acontecimientos, la historia contemporánea nos suministra pruebas incontestables de aquella verdad sublime. Vuestros ilustres Predecesores, Santísimo Padre, hán visto desaparecer el poder casi irresistible de los mas grandes príncipes de la tierra, de los dueños del mundo. El inmortal Pio VII con sola su fé y firmeza apostólica vió vacilar ante su solio al Capitan asombroso de nuestro siglo, que con ochocientas mil bayonetas no pudo arrancar al octogenario Pontífice de su constancia heroíca en mantener la inmunidad de sus Estados, que fueron ya destinados á satisfacer la ambicion de aquel tirano: los rayos de la Iglesia quemaron los laureles de su frente, y murió prisionero, separado por la inmensidad del Océano del Teatro de sus conquistas; y aquel anciano venerable, augusta víctima de tan cruel y poderoso enemigo, volvió triunfante entre las oraciones del pueblo fiel, á sus poseciones usurpadas, para subir las gradas del Vaticano, lleno de gloria y honor despues de tan duro y prolongado martírio, á cerrar los ojos donde Pedro habia fijado su silla, por que Dios no permite que se enseñorée siempre la injusticia. Todos los poderes de la tierra pueden alzarse con erguida frente contra la Iglesia santa y pisolear sus sagrados fueros; pero Dios está mas alto que ellos para refrenar sus excesos con tremendos castigos. Es por eso que cuantas voces se há conmovido la cátedra de san Pedro há sido para afianzarse mas.

Son justos y lejítimos, augusto Príncipe, los títulos que teneis á la posecion de vuestros Estados. Desde el siglo VII.° sus soberanos lejítimos Luitprando y Pepino cedieron al Pontífice las ciudades que hán formado vuestros Estados, asegurando el último al Emperador de Constantinopla, que aquellos dominios los habia dado á san Pedro, y que por todo el oro del mundo no faltaría á su palabra. Carlomagno confirmó estas donaciones, lo mismo que Luis y Lotario, para que esa ciudad santa llegase á ser, no solo el alcázar de la Iglesia por que allí residia el Vicario de Jesucristo, sino la corte de un estado temporal por las donaciones de cinco Soberanos distintos. Las ciudades que componian el Exarcado griego, fueron tambien cedidas y donadas á san Pedro, á la Iglesia y á la República Romana. Estos pueblos felices vieron en el Papa á su protector y soberano, lo mismo que los romanos. ¿Y haber puede príncipe que como Vuestra Santidad reine con títulos mas respetables? Por eso es que las naciones todas hán reconocido ese lejítimo derecho, y solo á la aparicion de la impia

filosofía que comenzó á enseñar que el pueblo podía arbitrariamen-
te destronar á sus Soberanos, se há dejado sentir en Roma como
en todas las otras naciones, ese espíritu subversivo de todo órden, enemigo de toda autoridad. El Emperador de los franceses
con su política insidiosa y doble, y el Rey de Cerdeña con sus
intrigas y mezquinas maquinaciones se hán coligado para estable-
cer una dominacion efímera. Ellos trabajarán sin alcanzar su fin.
Los hombres edifican en un siglo y Dios destruye en un instante
la obra del orgullo y de la impiedad.

La causa santa que sostiene Vuestra Santidad, es la causa de
la Iglesia universal ; á ella toca defenderla á toda costa. Sin la
independencia y libertad el Pastor Supremo sería el esclavo de
un rei, que aunque fuese cristiano abusaría de su potestad como
el Emperador Constante, que hizo sufrir al Papa san Martin toda
clase de vejaciones con destierros y prisiones. ¿Cual fué la suerte
de los Patriarcas de Alexandría, Antioquía y Constantinopla bajo
el poder de Gobernadores católicos? Todos los Obispos, desgra-
ciadamente, sufrimos cual mas, cual menos ultrajes de todo jénero por las pretensiones solapadas de los malos Gobiernos en
cuyos Estados tenemos que vivir. Son abundantes y disimulados
los medios que tiene todo Gobierno para hostilizar á un Prelado
y trabar la marcha de su Iglesia. ¿Y se quiere reduciros, Beatísimo Padre, á esta condicion humillante, sin advertir que sois el
Padre y primer Pastor de la Iglesia católica? Dios no consentirá
tan lamentable desgracia. Los católicos sinceros é ilustrados, mi-
llones de vuestros hijos fieles miran vinculada la pureza de su fé
y unidad de la Iglesia á vuestra independencia y libertad. ¿Y
como podriais, Beatísimo Padre, condenar las doctrinas corrupto-
ras de la moral, las heréticas, los escandalosos sistemas, contener
á los Obispos en el lleno de sus deberes, conservar santo y católico el rebaño de Jesucristo, siendo vasallo de un mal príncipe
secular? Nuestro corazon se parte de dolor al contemplar el cú-
mulo de males que sobrevendrian á la Iglesia y á su Pastor.

Empero, la divina Providencia, por caminos ocultos y por medios
superiores á los alcances humanos, lleva todas las cosas á un tér-
mino feliz, cuando está de por medio la causa santa de la Religion. El cielo derramará las luces necesarias para que los súbditos
del suave poder pontificio vean con claridad el abismo, á don-
do los conducen los enemigos de todo órden social, los corrupto-
res de la moral pública, que se titulan libertadores de la Italia.
Estos son los votos, Beatísimo Padre, del último y mas humilde
de los Prelados católicos, do su Clero y de esta fiel porcion del
rebaño de Jesucristo que le habeis encomendado. A esto fin tan
sagrado y tan alto, levantamos todos los dias al Cielo pidiendo
haga cesar vuestro martirio y los padecimientos de su Iglesia,
nuestras oraciones y plegarias son para que os dé el valor y fortaleza que os hagan superior á todas las insidiosas y pérfidas
maquinaciones de los sacrílegos perseguidores de la casta esposa
del Cordero. Dios escuchará al fin tantos clamores y tantos rue-
gos; pero entre tanto, nuestra vida, nuestra sangre y todo cuan-
to tenemos y poseemos de mas sagrado y amable os pertenece, y
los ponemos á vuestros augustos sagrados piés. Unidos todos los
fieles hijos de la Iglesia, ya con nuestras súplicas al cielo, ya
con nuestros esfuerzos concurriremos á salvar la nave de la Iglesia de las espantosas tormentas que el infierno há levantado para
oponerse á su gloriosa carrera. Con tales sentimientos, espero,
Beatísimo Padre, con todo mi Clero y el rebaño de mis cuidados,
la paternal Bendicion de Vuestra Santidad, cuyos sagrados piés
besamos humildemente.

Beatísimo Padre,

De Cochabamba en la Republica Boliviana, America meridio-
nal, á 4 de Abril de 1861.

✠ RAFAEL, Obispo

CURAÇAO NELLE ANTILLE

Vicariato Apostolico;

ESTRATTO DI UNA LETTERA

DEL VICARIO APOSTOLICO DI CURAÇAO

AL PREFETTO DELLA CONGREG. DI PROPAGANDA

Ah Monseigneur, nous sommes ici tous bien affligés de la position, dans la quelle se trouve notre Très-saint Père, par suite des agitations pleines d'hostilités et d'iniquités, qui troublent les États de l'Église. Nous prions sans cesse le Dieu tout puissant d'accorder a Sa Sainteté la force et l'assistance, dont Elle a besoin pour triompher de ses ennemis, quelque puissants ou nombreux, qu'ils puissent être. Si ce n'est pas trop importuner Votre Eminence, je la prie très-humblement de déposer ces voeux les plus sincéres, tant de moi que de tout mon Clergé, aux pieds du Saint Père, que nous vénérons et aimons de tout notre coeur.

Curaçao, 8 Novembre 1859.

GIAMMAICA NELLE ANTILLE

(Vicariato Apostolico)

ESTRATTO DI UNA LETTERA

DEL VICARIO APOSTOLICO DI GIAMMAICA

AL PREFETTO DELLA CONGREG. DI PROPAGANDA

Le Vicariat de la Jamaïque est trop peu important pour qu'on y pense à faire une démonstration en faveur de notre Saint Père le Pape. Il n'en est pas moins vrai pourtant que nous prouvons tous, Clergé et laïques, le plus vif intérêt a ce qui se passe actuellement en Europe, et que depuis long-temps nous offrons a Dieu nos prières, afin que sa Divine Maiesté daigne abréger ces terribles jours d'épreuve. Au reste nous ne craignons rien au sujet du resultat final ; la barque de Pierre peut être battue des vagues, pendant une période plus ou moins prolongée ; elle ne peut pas couler bas : elle est le seul véritable *life boat* qu'il y ait au monde.

Kingston, 21 Mars 1860.

JACQUES DUPEIRON, *S. I., Vicaire Apostolique*

MESSICO

IL DELEGATO APOSTOLICO DEL MESSICO

AL SOVRANO PONTEFICE

BEATISSIME PATER,

Dum acerrimum sanctae nostrae Ecclesiae ab impiorum manibus bellum infertur; dum sanctae Sedis apostolicae iura sacratissima nefarie convelluntur; dum supremi ac legitimi sui Principatus in Aemilia dilaceratur integritas; mea in Te, Beatissime Pater, devotio, pietas ac firmissima adhaesio, haud sinunt quin tanti facinoris magnitudinem tecum conquerar ac vehementius detester.

Satis perspectum omnibus est, Pater Sanctissime, perditissimos homines nostri temporis, non tam commutandarum, quam evertendarum rerum cupidos, omnem operam consiliumque suum in id potissimum conferre, ut scilicet sanctae nostrae Ecclesiae dignitatem auctoritatemque deprimant, doctrinam ac iura oppugnent, eiusdemque divinam institutionem persequantur ac perdant.

Id autem se facile consequi posse rentur, si summus Christi Ecclesiae Praeses suo libero ac independenti civili Principatu expolietur. Ita profecto fit, ut nescio quo delegato iure aeterni illius Numinis, supremi rerum omnium Domini, cuius nutu ac voluntate ab hac ad illam gentem regna ac imperia transferuntur, ad Principatum illum vel arctos intra limites coercendum, vel, si fieri possit, penitus evertendum, omni contentione adlaborent.

Ast incassum ac irrita prorsus spe; quod euim Romanis Pontificibus ad apostolici sui ministerii munia facilius, liberius, tutius-
que gerenda, ad maius, splendidiusque Ecclesiae decus, sapientissimo Divinae Providentiae consilio, summo omnium populorum
consensu, multis ab hinc retro saeculis, collatum est temporale
Dominium, nullis humanae malitiae conatibus disiicietur. Divino
fultus praesidio incolumis infractusque stabit civilis Ecclesiae Principatus, in eoque tuendo ac ab omni iniuria vindicando, opem vi-
resque suas omnes concordissimis studiis conferent quotquot per
orbem christiani nominis honore gloriantur.

Et sane Romanus Pontifex praecellens orthodoxae fidei ac veritatis depositum ac iustitiae iura sacratissima, quibus terrena
omnia reguntur, ac genus humanum ad omnem informatur huma-
nitatem, integra ac inviolabiliter custodienda, divina institutione
suscepit. Romano Pontifici, ratione sui apostolici ministerii ac uni-
versalis paternitatis munere, concreditum est Orbis terrae patrocinium, ac in eius integritato, sapientia, virtute ac auctoritate,
honestatis ac salutis publicae, quae in tanta errorum colluvie et
morum pravitato iam spe exigua est extremaque pendet, tot tan-
tisque calamitatibus ac dissidiis dilaceratae societatis, tutissimum
positum est perfugium ac inexpugnabile propugnaculum.

Semel ac autem Romanus Pontifex, iusti ac recti vindex, as-
sertor ac inflexibilis propugnator, in exiguum forte relegatus op-
pidulum, rebus tantummodo sacris procurandis intentus, Italici
foederis, seu verius Sabaudiae Regis militibus custodiendus, suum
temporale Dominium amiserit; hoc ipso nutabit ac actu penitus
forsan excidet illius auctoritas ac imperium, quo, ut Apostolico
suo munere libere ac digne fungatur, potissimum indiget; popu-
lusque christianus suae amittet conscientiae libertatem. Quorsum
enim posset eadem salva consistere, si Romanus Pontifex suae in-
dependentiae ac plenissimae libertatis facultate fuerit ratione novi
ordinis constituendi, destitutus?

182   APPENDICE GENERALE SECONDA.

Cum vero quidquid contra temporalem Romani Pontificis ditio-
uem ineatur, maximum toti iuri, iustitiae publicae, ordini sociali,
honori ac libertati Ecclesiae, inferat detrimentum, consequi id necessario debet, ut excultae quaelibet Nationes, quae iure et aequitate, non violentia ac armis, dominia rerum transferri statuerunt,
hominibus novis rebus studentibus, a quibus communi gentium
iuri effrenata latronum rapacitas sufficitur, in tanti negotii gravitate pro viribus opponantur.

Nunquam nostris hisce diebus fiet, ut territorii pontificalis,
quod tot titulis antiquitate, validitate et iustitia praestantissimis
fulcitur, peragatur dismembratio; nunquam populus praesertim
christianus sinet, ut ius publicum in pontificalis Principatus iniuriam, qui in terris maximus est, impune violetur, utque factum
huiusmodi, totius ordinis subversivum, in societate introducatur.
Licet enim temporale Pontificis Dominium, spiritualis suae potestatis obeundae gratia, non sit omnino necessarium; ad ipsum
tamen securius, utilius ac independentius exercendum, adorabili
Providentiae dispositione, maxime conducere existimatur.

Quae contra Christi Ecclesiam molita temere sunt, disperdet
qui in altissimis habitat omnipotens Dominus noster, ut genera-
tiones omnes, quae venturae sunt, in inimicorum suorum solemni
punitione perpetuum habeant divinae ultionis documentum.

Eia igitur, Pater Sanctissime, licet intumescentibus adhuc au-
ris novo infremat impetu exorta tempestas, animo ne deficias; in
sententia permaneto; regiam rectissimamque, quam cum ingenti
Tui nominis laude, ingressus es viam, immobili ac strenuo perge
percurrere pede. Dominus enim ipse in virtute brachii sui Ecclesiae sanctae suae pro Te expugnabit inimicos, omnemque depri-
met altitudinem se contra scientiam eius exaltantem, efficietque,
ut quae in nostrae Religionis perniciem excogitata ac acta iniqua
mente sunt, in illius gloriam maiusque incrementum ac ad Tuae
Beatitudinis memoriam sempiternam quamprimum convertantur. Sit

Tibi, Pater Sanctissime, iucunda in malis et grata in dolore Tui ipsius, tam ecclesiasticorum, quam laicorum hominum, cuiusque dignitatis, ordinis, gradus ac conditionis optimae ac egregiae erga Te voluntatis solemniter expressae recordatio, qua, detestatis rebellionis ausibus, in nonnullis tui Status Provinciis audacter admissis, renovatisque suae devotionis ac obsequii luculentissimis testimoniis, Beati Petri Patrimonium omnino integrum inviolatumque servandum atque a sacrilega raptorum manu vindicandum esse, uno ore conclamarunt.

Id postremo, Pater Sanctissime, intelligas velim, me tuis amplissimis beneficiis ac summis honoribus cumulatissimo exornatum, quamcumque meam operam in nostrae Religionis, Iustitiaeque causa defendenda esse impensurum, assiduisque ad Deum fusis precibus enixe rogaturum, ut Sanctitati Tuae in omnibus adversis praesto sit, Teque invincibili dexterae suae potentia tueatur ac sospitet.

Hasce obsequentissimas fidei, pietatis ac immobilis observantiae significationes bono excipe animo, Beatissime Pater, mihique ad sanctissimos pedes tuos humillime provoluto, Benedictionis Tuae Apostolicae pretiosissimum munus, pro ea, qua excellis, benignitate, peramanter impende.

Beatitudinis Tuae,

Mexici, Kalendis Iunii an. 1860.

Humillimus, addictissimus et obsequentissimus Servus

✠ ALOISIUS, *Archiepiscopus Damascenus, Delegatus Apost.*

SANDWICH NEL CANADÀ

Provincia eccles. di (Quebec)

IL VESCOVO COL CLERO DI SANDWICH

AL SOVRANO PONTEFICE

TRÈS-SAINT PÈRE.

Nous soussignés l'Évêque et les principaux Curés du Diocèse
de Sandwich, en Canada, étant réunis pour les exercices spiri-
tuels de la retraite Pastorale, avons cru devoir, avant de nous
séparer, écrire à Votre Sainteté, pour l'assurer de notre amour
filial, de notre dévouement et de notre obéissance entière envers
la Chaire de St. Pierre et la Personne sacrée de Votre Sainteté.

Nous avons appris avec un douloureux étonnement les cruelles
épreuves que le Pontife-Roi subit depuis trois ans de la part des
irréconciliables ennemis du Siège apostolique, et nous n'avons
cessé, dès l'origine de cette injuste persécution, d'offrir nos prières et nos supplications, pour qu'il plaise au Tout-puissant d'abréger ces jours mauvais, et de confondre la malice et la fourberie
des ennemis de la Chaire de saint Pierre et du saint Pontife qui
l'occupe avec tant de gloire, pour le bien et l'honneur de la
sainte Église Romaine.

Cependant, Très-saint Père, qu'il nous soit permis de dire
que nous éprouvons une secrète joie et un légitime orgueil, en

voyant avec quelle noble fermeté Votre Sainteté a su défendre la cause sacrée de la sainte Église et de la Société chrétienne.

Nous bénissons Dieu de ce que, malgré ce bouleversement horrible et la privation du secours efficace des Princes chrétiens, notre glorieux Pontife et Père, toujours calme et impassible, sait diriger la Barque mystérieuse de Pierre, d'une main ferme et impassible, à travers mille écueils, et sans craindre ni les vents ni la tempête.

Aussi à la vue de ce spectacle merveilleux d'un seul luttant contre tous, les hommes honnêtes dans toutes les nations civilisées, même parmi nos frères séparés, proclament hautement que Pie IX est maintenant le seul boulevard des idées de justice, d'ordre et de paix ; le seul véritable défenseur de la société ébranlée jusque dans ses fondements ; le seul qui puisse guérir les maux causés par cet affreux débordement des passions humaines.

C'est pourquoi, Très-saint Père, quoique nous éprouvions une vive douleur à la vue des outrages, dont votre cœur paternel est abreuvé, nous sommes cependant grandement consolés en pensant, que déjà toutes les nations ont appris ainsi à prononcer votre auguste nom avec le même respect que celui de plusieurs de vos plus illustres prédécesseurs, Grégoire, Léon, Innocent, etc. qui par leurs vertus héroïques et leurs souffrances ont illustré la Chaire de saint Pierre et l'Église toute entière.

Nous continuerons donc, Très-saint Père, de prier Celle que votre bouche infaillible a proclamée Immaculée, et les bienheureux Apôtres Pierre et Paul, de soutenir et de protéger jusqu'à la fin notre glorieux et bien aimé Pontife-Roi, à fin qu'il puisse triompher tout-à-fait des embûches et des attaques de ses cruels ennemis.

Nous continuerons de prier Celui qui semble dormir pendant que cette horrible tempête menace la barque de Pierre, à fin qu'il lui plaise de se lever pour commander aux vents et aux flots courroucés, et que bientôt un grand calme succède à cette tourmente.

Nous conjurons, chaque jour, le Dieu de toute bonté d'exancer les supplications, qui s'élèvent de toutes les parties du monde, a fin qu'il daigne accorder à son Église militante la consolation de voir bientôt Votre Sainteté elle-même jouir de ce triomphe certain et complet, que la Chaire de saint Pierre doit remporter encore une fois contre les puissances de l'enfer.

Tels sont les vœux que nous formons, du fond de nos cœurs, pour la Personne sacrée de Votre Sainteté, étant humblement prosternés à ses pieds, que nous baisons avec amour, en la suppliant d'accorder à nous et à notre troupeau la Bénédiction apostolique.

De Votre Sainteté,

Collège de l'Assomption, Sandwich, 30 Août 1861.

Les Fils fidèles et très-dévoués

✠ PIERRE ADOLPHE. *Évêque de Sandwich, Canada*

(*Seguono le altre ventidue firme del Clero.*)

SANTA MARTA NELLA NUOVA GRANATA

(Provincia eccles. di S. Fè di Bogota)

IL VESCOVO DI SANTA MARTA

AL SOVRANO PONTEFICE

BEATISIMO PADRE,

Una pena indicible esperimentó mi corazon, al leer la Encíclica que, con fecha 20 de Junio del presente año, dirijo Vuestra Santidad al cuerpo de los Pastores de la Iglesia. En ella se nos manifiestan los deplorables acontecimientos que han tenido lugar en los dominios de la santa Sede, y las tendencias execrables de algunos ingratos subditos de Su Santidad, de sustraerse de la Soberanía temporal del Sumo Pontífice. En ella vimos con sumo placer la resolucion firma y decidida de Vuestra Santidad de emplear todos los medios para defender y conservar intégros é ilesos los sagrados derechos del imperio civil, que recibisteis de Vuestros Antecesores y que debeis trasmitir á vuestros lejítimos Sucesores, como Patrimonio que, por tantos y tan justos títulos, pertenece al Vicario de Jesucristo en la tierra.

No dudaba por un momento, que la solemne reprobacion que Vuestra Santidad hizo de tan grandes atentados, y las terribles penas y censuras en que se declararon incurso á los que maquinaban tan grande crimen, les harian volver de su estravio al

sendero de la justicia y del deber. Pero al leer vuestra ultima Enciclica do 26 de Setiembre, con profundo dolor de mi alma he
visto desvanecidas todas mis esperanzas, pues los males no solo
continúan, sino que se han aumentado.

Al contemplar los sufrimientos de Vuestra Santidad y la pro-
funda amargura que vuestra alma esperimenta por tan funestos
acontecimientos, no ha podido prescindir de cumplir, con el imperioso deber y con el inmenso deseo de mi corazon, do manifestar
á Vuestra Santidad que participo con toda mi alma, do la acerbi-
dad de vuestros trabajos, penas y molestias.

No es estraño que el filosofismo do nuestro siglo, empeñado
en hechar por tierra todo principio de autoridad, quiera hoy despo-
jar á la santa Sede y al Vicario de Jesucristo del poder temporal;
pues conseguido esto, le habrán despojado de la libertad, de la
majestad y dignidad, que esta potestad le confiere, para ejercer
la plenitud del imperio sagrado, que en favor de la grey que se
le ha confiado, ejerce por todos los angulos del Orbe católico.
Pero el Dios de bondad y de Misericordia que en tan dificiles
circustancias, os ha colocado al frente de su grey, no os negará
los auxilios oportunos para salvarla de la furiosa tempestad que
amenaza destruirla.

Las penalidades y sufrimientos son el patrimonio de las almas
grandes y queridas de Dios : y si la gloriosa época de Vuestro
Pontificado esta llena de hechos espléndidos que publican Vuestra eximia bondad, éra tambien necesario que estubiera marcada
con hechos de espantosa ingratitud, para que os manifestaseis en
todo en la tierra, digno Vicario del Hombre Dios.

Lleno de confianza, y prostrado antes el trono de la divina gra-
cia, no cesaré por mi parte de pedir para Vuestra Santidad, los
auxilios de su ayuda, de su fortaleza y consuelo en tan dificiles
circustancias, y para que dando un verdadero conocimiento á los
enemigos de la Iglesia y de vuestra autoridad, de su loca temeri-
dad, vuelvan á mejores consejos y resoluciones.

El Dios fuerte y piadoso, que hoy prueba vuestro espíritu con
la tribulacion y el dolor, volverá bien pronto la paz y la sereni-
dad en la Iglesia y en vuestros Estados, la calma en toda la cri-
stianidad, para que podamos entonar himnos de eterna alabanza.

Estos son mis mas fervientes votos. Inclinado profundamente,
y besando humildemente los sagrados pies de Vuestra Santidad, os
pido la Bendicion.

De Vuestra Santidad, Beatísimo Padre,

Muy humilde y obediente Hijo

✠ VICENTE ARBELAEZ, *Obispo de Santa Maria*

SAN PIETRO NEL RIO-GRANDE DEL SUD

(Provincia eccles. di Baia nel Brasile)

IL VESCOVO DI SAN PIETRO

NEL RIO-GRANDE

AL CLERO E AI FEDELI DELLA SUA DIOCESI

DOM SEBASTIAO DIAS LARANGEIRA

POR MERCE DE DEUS E DA SANTA SÉ APOSTOLICA, BISPO DE SAN PEDRO DO RIO-GRANDE
DO SUL, DO CONSELHO DE S. M. O IMPERADOR, ETC. ETC.

*Aos Fieis, Clero e Povo da nossa Diocese, Saude, Paz
e Bençao em Jesus Christo nosso Divino Salvador.*

(Dopo altre considerazioni estranee al nostro argomento, segue)

Ah! não cessaremos de bemdizer ao Supremo Autor de todo
o bem, amados Filhos, e render-Lhe humildes acções de graças
pela inestimavel que Nos concedeu, já que foi de sua vontade so-
berana que Nos curvassemos sob o pezo do Episcopado, de sermos
collocados á frente de um povo tão generoso e christão, onde ainda o deposito da fé se conserva intacto, e que se não tem deixado
levar de todo vento de doutrina, não obstante as vicissitudes das

tempos e corrupção da época, que tudo ameaça destruir, alagando
a terra de toda a sorte de males. Sim, amados Filhos, ao mesmo passo que na effusão do Nosso Coração vos saudamos, e pela
primeira vez vos abençoamos amorosamente em Jesus Christo,
não podemos deixar de vos premunir contra essas doutrinas per-
versoras que hoje tanto se apregoão, e que são a peste das in-
telligencias, quando dellas nos deixamos enganar. O pai da men-
tira que, qual leão rugidor, nos cerca continuamente procurando
por todos os meios nos devorar[1], é o seu derdadeiro inspirador,
por isso que desde o principio, rebelando-se contra a autoridade
do Omnipotente, disse : *similis ero Altissimo*[2], serei semelhante
ao Altissimo ; estabelecendo dest'arte a rebelião contra o principio da autoridade, e a desobediencia aos divinos preceitos, ar-
rastando a ella os nossos primeiros infelizes progenitores, e com
estes as futuras gerações, não cessando em todos os seculos de
cultivar por todos os meios, e propagar a todo custo esse principio destruidor, de que já desde a origem fôra invenenada a
raça humana.

Vemos, amados Filhos, na historia dos povos, quanto forão
estes infelizes sempre que se deixárão dominar desse funesto principio, as guerras que os devastárão, o desenfreiamento das paixões que os arrastárão a ultima abjecção, os males sem conto
que sobre elles pezárão, todas as vezes que se quizerão conven-
cer de que erão semelhantes á Deus : *Eritis sicut Dii*[3]. Os gosos
materiaes, os prazeres dos sentidos, a ambição do mando que de
sangue tem feito verter, quantos Imperios fizerão desapparecer da
face da terra, que cumulo de desgraças não attrahirão sobre os
miseros filhos dos homens, que se deixárão illudir d'essa doutrina fallaz e seductora ! que se póde edificar, diz Tertulliano. com

[1] Epist. I. B. Petr. V, 8.
[2] Is. XIV, 14.
[3] Gen. III, 5.

aquelles que não sahem senão destruir, que luzes se podem esperar onde tudo é trevas [1] ? O que vemos, amados Filhos, nos presentes tempos senão como que dominando por toda parte esse principio destruidor, pregado e por todos os modos inoculado nas populações por homens perversos, ministros do Anjo descrido e rebelde? O trama infernal desses filhos das trevas, que com amargo e impudente escarneo se dizem filhos da luz e do progresso, claramente se manifesta hoje contra o Evangelho, contra a Igreja de Deus, e o seu Supremo Pastor; como outr'ora, gritão as turbas: *nolumus hunc regnare super nos*; não queremos que reine sobre nós [2]; *dirumpamus vincula eorum et proiiciamus a nobis ingum ipsorum*; quebremos essas leis que nos governão, esses dogmas tão oppostos aos nossos desejos, paixões e gosos; lancemos de nós esse jugo da lei do Senhor, que nos opprime e nos contém [3], tambem nós somos Deuses!

Para mais facilmente realisarem esse tenebroso projecto, tantas vezes tentado, surgem agora combatendo a Soberania temporal do Romano Pontifice; contra ella com infernal sanha assestão suas baterias, não poupando os meios mais torpes para destruil-a, porque em seus nefandos calculos esperão que uma vez perdendo o Chefe da Egreja Catholica sua soberania e independencia, tornando-se vassallo de um outro Soberano, perdida será tambem sua preponderancia nos negocios espirituaes do Orbe; e que se não sujeitarão os Principes e os Governos á interferencia de um subdito estrangeiro, que muitas vezes será accusado mesmo de obrar debaixo de uma influencia estranha; o que emfim, dissolvido por tal modo o vinculo catholico, a causa da impiedade será ganha, e pouco a pouco o christianismo, alvo de suas iras, ir-se-ba corrompendo até desapparecer de todo.

---

[1] Tert. *Prescrips.* cap. I.
[2] Luc. XIX, 14.
[3] Psalm. II, 3.

Não o duvideis, amados Filhos, a guerra contra Deus e o seu Christo é o movel de todos os esforços contra a Soberania temporal dos Romanos Pontifices: os corifêus revolucionarios manifestamente a denuncião: não ha mais que duas Potencias no mundo, disse o mais ousado d'entre elles [1], a Egreja e a revolução, e a revolução não triumphará no mundo senão no dia em que a Egreja Romana fôr anniquilada. — E' esse mesmo quem proclamou que Deos era o mal, a propriedade um roubo!! Longe de vós, amados Filhos, esses principios fecundos em horriveis consequencias; evitai esses fallazes propagadores de uma doutrina, que só póde produzir desgraça e oppressão: elles esforção-se, diz ainda Tertulliano, em fazer desmoronar a nossa Igreja, para poderem edificar a sua; entretanto não entendem o que seja edificar, o seu unico talento é destruir [2]. A felicidade, ainda mesmo neste era mundo, só achareis no Evangelho, só é livre e venturoso aquelle quem repousa o espirito do Senhor: *ubi spiritus Domini, ibi libertas* [3].

Guardai-vos dos falsos profetas que a vós vem com face de cordeiros, e não são mais do que lôbos devoradores, os quaes com o pretexto da liberdade procurão perturbar toda a ordem na sociedade, e lançal-a em tal confusão, que lhe acarretaria o total exterminio. Pregão a divindade da razão humana, e declarão o homem soberano, affastando-o da obediencia devida á Deus e aos poderes estabelecidos pelo mesmo Deus para lançal-o nos braços das paixões as mais brutaes. No meio desse universal pervertimento de idéas recorramos á Fé que com o seu lume esclarece as mentes, e regula as nossas acções; recorramos a Jesus Christo que é de todos o caminho, verdade e vida; e quando ainda um Anjo vos evangelisasse cousas diversas, do que as que aprendestes

[1] Proudhon, *De la justice dans la révol.*
[2] Tert. *Prescrips.* cap. 42.
[3] Ep. II, ad Corinth.

da Santa Egreja Catholica Apostolica Romana, Mãi e Mestra da verdade, não lhe presteis ouvido e para vós seja anathema [1].

Finalmente a todos vós, Carissimos Diocesanos e Filhos muito amados, collocamos debaixo da protecção da Santissima Virgem Rainha dos Anjos, e muito particularmente vos encommendamos ao seu Coração amorosissimo: Ella, assim como desde o primeiro instante do sua Conceição Immaculada conculcou e dispersou todas as heresias, assim se digne tambem com sua intercessão poderosa dissipar o furacão que nos presentes tempos se condensa contra a santa Egreja e o seu Chefe visivel. Elevai pois os vossos corações ao Deus Pai das luzes, supplicando fervorosamente pelo Soberano Pontifice o magnanimo Pio IX, o Vigario de Jesus Christo e nosso extremoso Pai, para que diffunda sobre elle suas bençãos, o illumine e lhe dê forças e costancia para bem governar a Igreja, não obstante as iras infernaes que contra ella se desencadeião. Rogai tambem pelo Augusto Imperador, nosso muito amado Soberano, o Senhor D. Pedro II, afim de que Deus lhe dê coragem de patrocinar a santa causa da Egreja contra tantos inimigos que lhe movem guerra; pela estabelidade do seu Throno e Dynastia, unico garante da felicidade e união da nossa Patria. Rogai emfim por Nós, para que possamos corresponder ao que o Senhor espera do Nosso Ministerio, efim de que Nos dê a força necessaria, paciencia e resignação para podermos levar os penosos encargos do Episcopado. Pelo que ordenamos a todos os Reverendos Sacerdotes da Nossa Diocese que, desde a recepção da presente, recitem nas Missas diariamente, salvas as disposições lithurgicas, a Oração: *Deus refugium nostrum*; e no officio tanto em Vesperas como em Laudes a Antifona: *Da pacem*; com a respectiva Oração, em quanto outra cousa não determinarmos.

E, para que chegue á noticia de todos, ordenamos aos Reverendos Parochos que a presente seja lida á Estação da Missa

_____

[1] Ad Gal. I, 8.

Conventual em um Domingo ou Dia Santo nas Egrejas Parochiaes da Nossa Diocese, sendo registrada no Livro competente.

Implorando, amados Filhos, a Graça de nosso Senhor Jesus Christo, e saudando-vos com o beijo de paz, na effusão do Nosso coração vos lançamos a Bençao Pastoral.

Data nesta Cidade de S. Salvador, Bahia de Todos os Santos, sob o Signal e Sello das Nossas Armas, aos 4 de Março de 1861.

✠ Sebastiao, *Bispo de S. Pedro do Rio Grande*

Lugar ✠ do Sello.

ASIA

CINA

ESTRATTO DI UNA LETTERA

DEL VISITATORE APOSTOLICO DELLA CINA

AI COMPILATORI DELLA PRESENTE RACCOLTA

Reverente e affezionato alla santa Sede e al Sommo Pontefice, io, il mio Clero, il mio popolo preghiamo per lui e ci affliggiamo de' suoi dolori come di dolori nostri stessi: ma nel popolo Cinese quali sieno questi dolori non si sa, nè conviene che si sappia, perchè la loro cognizione ecciterebbe scandalo. Per questo motivo non ho giudicato spediente lo scrivere Pastorali. Ebbi però più volte il piacere d'inviare a Roma attestazioni del popolo Cinese di attaccamento alla santa Sede romana e al Sommo Pontefice. Del resto il mio sentimento particolare è quello comune all'Episcopato, anzi è quello del Sommo Pontefice medesimo, dal quale come prendo la norma del credere, così prendo anche quella del pensare e del sentire.

U-ciang-fu, metropoli di U-quang, il 20 di Agosto del 1861.

Devotissimo Servo
✠ LUIGI CELESTINO SPELTA, *Visitatore Apost. della Cina*

COCINCINA OCCIDENTALE

NELL'IMPERO ANNAMITE

(Vicariato Apostolico)

ESTRATTO DI UNA LETTERA

DEL VICARIO APOSTOLICO DELLA COCINCINA

AI COMPILATORI DELLA PRESENTE RACCOLTA

Iam a diuturno tempore proposueram, coeterorum Episcoporum vestigia inhaerendo, meam circa civilem Sedis apostolicae principatum sententiam transmittere ; sed id parum necessarium existimans, sive quia non poterat esse dubia ista sententia, sive quia parum referebat huius sententiae manifestatio, usque in hanc horam distuli. Si ergo id, inter tot et tantos totius Ecclesiae Praesules, meae exilitatis suffragium alicuius ponderis esse potest, me omnino cum aliis catholicis Ecclesiis concordem profiteor et declaro.

Igitur omnem Status Summi Pontificis ab extraneis occupationem, ut iniustam et veram expoliationem, damno et reiicio. Si hoc utile iudicetur, exopto ut in calce voluminis cuiuscumque usque ad finem mundi permansuri, haec mea imprimatur sententia, et stylo ferreo exaretur.

Sic bonum arbitror ego minimus Episcoporum qui non sum dignus vocari Episcopus.

In meae observantiae testimonium subscribo,

In civitate Cochinchinae occidentalis, dicta Saïgon, die 3 Iulii 1861.

Humillimus et addictissimus Servus

✠ DOMINICUS LEFEBURE, *Episcopus Isaurop.*, *Vicarius Apost. Cochinchinae Occident.*

HONG-KONG IN CINA

Prefettura Apostolica

IL PREFETTO APOSTOLICO DI HONG-KONG

AL SOVRANO PONTEFICE

BEATISSIMO PADRE,

Vivamente commosso ed assai intenerito lessi il foglio della Sagra Congregazione di Propaganda Fide del 24 Gennaio, dove Sua Eccellenza il Cardinal Prefetto mi preveniva del sussidio di scudi romani quattrocento, che la Beatitudine Vostra poneva a mia disposizione a riparo del gravissimo nostro disastro del sempre memorando 19 Ottobre a. p.

Debbo con tutta sincerità, Beatissimo Padre, confessare che nessuna lingua al mondo mi può suggerire parole che si avvicinino alle tenere espressioni di gratitudine, di cui avrei bisogno in questo istante. Posso assicurare la Beatitudine Vostra, che la somma che le piacque disporre per questa nostra Chiesa, m'è assai più preziosa che se un milione m'avesse mai inviato il più ricco e più alto Potentato del mondo.

Volesse il Signore che mi fosse pur dato, per mezzo di questi fedeli, di potere io pure venire, come che voglia essere, in aiuto delle esigenze e gravi strettezze, in cui la malvagità dei tempi presenti ha posto il cuore troppo paterno della Beatitudine Vostra;

ma troppo poveri sono questi nostri Fedeli, e ben sel sanno le borse private di questi ottimi Missionarii, i quali tanta miseria soccorrono di loro particolari limosine.

Quello che noi possiamo fare, o Beatissimo Padre, e facciamo continuo, è di offerire le nostre povere preci, con apposita colletta, al Principe della pace, perchè voglia nella sua infinita misericordia cessar la procella che minaccia, e spander la pace, la sicurezza, la tranquillità, prima negli Stati alla Beatitudine Vostra affidati, e poi in tutti gli altri, e segnatamente nella nostra troppo bella, troppo agognata, troppo sventurata Italia.

Non posso finire senza supplicare dal tenerissimo cuore della Beatitudine Vostra, la pastorale ed apostolica Benedizione che ci porti anche qui (siccome assai nel Signore confido) quella pace, che troppo c'è necessaria pel bene di queste anime, e per l'onore di nostra santa Religione.

Umilmente mi prostro dinanzi alla Beatitudine Vostra, ed oso implorare anche per me individualmente la pastorale Benedizione.

Della Beatitudine Vostra,

Hong-kong, 14 Marzo 1860.

Minimo dei Figli

D. L. Ambrosi, *Prefetto Apost. di Hong-kong*

HYDERABAD NEL DEKKAN SETTENTRIONALE

DELLE INDIE ORIENTALI

(Vicariato Apostolico)

———————

ESTRATTO DI UNA LETTERA

DEL VICARIO APOSTOLICO DI HYDERABAD

AI COMPILATORI DELLA PRESENTE RACCOLTA

——— ———

Quamvis autem opinio mea quoad necessitatem civilis Dominii romanae Sedis pluribus in locis bene cognita sit, et praesertim Romae per litteras meas duplici vice missas, tamen dolens
percipi quod ipsa non potuit adhuc invenire locum in tua sane
pretiosa collectione et inter suffragia meorum confratrum in Epi-
scopatu.

Mea autem firma persuasio, apostolicae Sedi necessarium esse
suum civilem Principatum roboratur praesertim istis rationibus.

1.° Quia ius quod competit ipsi ad tale Dominium firmatum
est potioribus strictae aequitatis principiis, et speciatim non inter-
rupta possessione decem saeculorum et ultra, qua nulla forte alia
proprietas aut ius quodcumque adquisitum gaudet nunc.

2.° Quia hoc est medium a Deo ipso, qui omnes vicissitudi-
nes temporum dirigit ad bonum Ecclesiae suae, singulari providentia certe constitutum decursu saeculorum, ut dignitas et imperium

ipsius Vicarii in terris de die in diem augeatur et clarescat, ad salutem animarum in omnes terrae partes eius curae commissarum.

3.° Quia si Pontifex expoliaretur suo civili Dominio, eo ipso instanti redigeretur sub potestate alicuius Principis saecularis, et sic constitueretur in evidenti impossibilitate libero exercendi spiritualem potestatem sibi demandatam, quod omnimode necessarium est ad conservationem Religionis.

4.° Quia supremum Ecclesiae Caput suo temporali Principatu despoliare idem est ac favere, manusque validas praebere omnibus Ecclesiae bene cognitis hostibus in eorum pessimis machinationibus, qui perditi in fide sunt, extraque Ecclesiam iactati, et ad ipsam oppugnandam impio spiritu adducti, nihil magis aut constantius assequi omni ratione conantur, quam Successorem Petri dehonestare, eumque ad ipsorum pedes provolvere, ut catholica Religio extirpetur, si fieri posset.

Si poteris, benigne Domine, saltem ad calcem tuae valde laudabilis atque ad bonum religionis non parum, ut spero, collaturae collectionis, hanc meam epistolam apponere, quae sane parvi ducenda est si spectas qua scientia exarata fuit, sed forte non tam parvi, si observas, quod a tali scripta fuit, qui longa experientia novit, quid sit exercitium spiritualis Iurisdictionis sub Gubernio Religioni infenso, multas gratias Tibi referam, gratumque animum semper Tibi profitebor. Commenda me Deo in orationibus tuis. Ego me subscribor,

Hyderabad, 20 Decembris 1861.

Humillis et addictissimus Servus tuus

✠ DANIEL MURPHY, *Episcopus Philadelphiensis et Vicarius Apost. Hyderabadensis*

INDIE ORIENTALI

IL VISITATORE APOSTOLICO DELLE MISSIONI

NELLE INDIE ORIENTALI

AL SOVRANO PONTEFICE

BEATISSIME PATER,

Etsi filiales animi mei affectus, meaque devotissima obsequia ad pedes Sanctitatis Vestrae, in his nefandis temporum eventuumque circumstantiis, reverenter depositurus iam tarde veniam; nihilominus spero quod Paternitas Vestra ea in sua inexhausta bonitate benigne accipere dignabitur. Nam non ex intensi studii aut properantis voluntatis defectu, bene vero ex verae rerum cognitionis deficientia, atque ex vestrae colendissimae voluntatis adimpletione mora tota provenit.

Etenim ad condiguum mandatis Sanctitatis Vestrae morem faciendum, Visitationem omnium Missionum Indiarum orientalium ante finem anni praeteriti incepi, et in ea sedulo peragenda totus sum intentus. A tempore quo Vicariatu Pudicheriano egressus sum, Vicariatus apostolicos Coimbatorensem, Madurensem, Iaffnapatanum et Colombensem peragravi, semperque fui aut in itineribus saepe saepius per arduas et asperas vias cum fatigatione faciendis, aut omnino absorptus in curia et investigationibus ad scopum Visitationis attinentibus peragendis. Quapropter, quamvis per illud temporis

spatium, de deflendis transactis eventibus, quandoque casu aliqua
audiverim, de eorumdem lacrymabunda gravitate tamen ludicare
nequiveram. Tandem in medio insulae Ceylon in ipsamet urbe
capitali, vulgo Kandy nuncupata, in ephemeridi anglica, *The
Tablet* dicta nuperrime, legi admirabiles, gloriosas et admodum
laudandas Sanctitatis Vestrae litteras Encyclicas die 16 Ianuarii
elapsi datas, per quarum attentam lectionem et alios nuncios ea
in occasione mihi relatos, compertum fuit mihi paternissimum cor
Sanctitatis Vestrae amarissimo moestitiae et afflictionis mari sub-
mersum fuisse et esse, per patrata facinora a nonnullis ex filiis
et subiectis vestris, hominibus perditissimis, qui perturbationem
et subversionem spirantes, nefandaeque rebellionis spiritu ducti,
ditionem vestram, aequitate et benevolentia moderatam, audentius
respuerunt; quique omnia media iniquitate plena adhibentes, atque teterrimas contra sanctam Sedem calumnias spargentes, legum
ecclesiasticarum et divinarum contemptum, verorumque principio-
rum subversionem, atque cordium perversionem insuper et infan-
dorum scelerum perpetrationem, ubique verbis, scriptis et actionibus praedicantes, nec non minis ea inculcantes, ut opinionem
plurimorum, si non omnium, sibi secundam facerent et a Pater-
nitate Vestra publicam affectionem et amorem averterent et dele-
rent; eo denique, proh dolor! devenerunt, ut partem Dominii
sanctae Romanae Ecclesiae notabilem subtraherent, atque loco
Sanctitatis Vestrae sese in ea impie constituerent; fulti imprimis
agendi ratione unius Regis, qui per fas et nefas regnum suum
augere vult, nec non agendi ratione illius potentissimi Imperatoris,
qui postquam in pignus suae addictissimae devotionis erga sanctam Sedem, in patrinum filii sui Paternitatem Vestram elegerit,
et insuper Urbe et Orbe sciente, dominia temporalia eiusdem Sedis Apostolicae integra esse servanda, anno praeterito, publicam
fiduciam dederit, nunc eorumdem dominiorum laniatum appro-
bare, ac eiusdem laniationis sanctionem a Sanctitate Vestra postu-
lare non erubuit. Quae omnia cordis dolori maximo, atque animi

summo moerori mihi duobusque in Visitatione peragenda meis
Assessoribus fuerunt et etiam sunt. Quamobrem absque mora ex
urbe Kandy Pastorales ad Clerum et Fideles meae sollicitudini
concreditos directas dedi litteras, quibus praescripsi ut preces in
publico et in particulari pie effunderentur pro Sanctitate Vestra et
pro Sede apostolica; nec non quam citius possum e navi dum
ex Colombo ad Quilon et Verapoly velam facio, ad pedes Sanctitatis Vestrae studiose depono testimonium nostrae intensae devotionis et inconcussae affectionis. Et insuper me ex toto corde as-
socio omnibus Episcopis et laicis, qui ex omni orbis terrarum parte
in his temporibus protestationes suae devotionis Sanctitati Vestrae
miserunt. Quod si nostrum testimonium, cordi vestro paternissimo
aliquantulum solatii afferre posset, humiliter et enixe Paternitatem
Vestram precarer, ut illud ratum habere dignaretur ratione mei,
meorum duorum Assessorum atque omnium meorum missionario-
rum, nec non et sacerdotum indigenarum, tanquam pignus nostrae
submissionis, obedientiae atque proclivis habitus ad mandata vestra omni in casu fideliter adimplenda, nec non ad vestris desideriis adamussim obtemperandum. Quare ad Sanctitatis Vestrae
pedes provolutus, apostolicam et paternam Benedictionem pro me,
pro Assessoribus et pro Missionariis, Sacerdotibus et Fidelibus
meae missionis ex intimo corde et impense efflagito.

Sanctitatis Vestrae,

Datum e navi, *Josephine* dicta, die 19 Martii 1860.

Humillimus, obedientissimus et devotissimus Servus et Filius
✠ Cl. Bonnand, *Episcopus Drusiparen.*,
Visitator Apost.

KOUY-TCHEOU IN CINA

(Vicariato Apostolico,

IL VICARIO APOSTOLICO DI KOUY-TCHEOU

AL SOVRANO PONTEFICE

BEATISSIME PATER.

Nuperrime tantum, per Bullam excommunicationis contra per-
turbatores Italiae latam, cognovi quanta improbitate et impietate
ingrati filii malum pro bono optimo Patri reddiderunt. Doluimus
sane vehementer omnes huius Vicariatus Missionarii tantam audientes iniquitatem, quae non solius Romae sed totius Orbis christiani iura laedit ac conculcat. Nec possumus quin lamentabiles
cum tota Ecclesia voces tollamus, et fortiter pro posse nostro re-
clamemus. Nostrum est enim quod rebelles violant, nostrum est
quod usurpant; nam totius Ecclesiae est quod est sanctae Sedis,
et toti Orbi iniuriam faciunt qui Ecclesiam labefactare conantur;
seipsosque coeco impetu in barathrum praecipitant. Oh detesta-
bilis coecitas mentium et cupiditatis insanae caligo! Cum solum
totius securitatis fundamentum et iurium custodem munire ac
confirmare deberent, insane diruunt ac profligant, ipsi sibi maxime ruinam praeparantes.

Non trepidamus enim pro Cymba Petri, quae fluctibus exagi-
tari, sed obrui non potest. Dolemus ergo de offensa Dei; dolemus

de malitia hominum qui omnia conturbare non dubitant, quasi
ad hoc solum ne Ecclesia Dei ipsos foveat ac protegat; et lu-
stum et bonum appellare praesumunt, ex quo nil sibi nisi ruinam regnorum et animarum interitum parient. Patrimonium enim
beati Petri de Ecclesiae perpetuitate aliquid participare videtur,
quod saepe fuit, ut historia constat, perditum, sed toties cum
gloria Dei recuperatum; nec hac vice peribit. Deus enim his cla-
dibus Ecclesiae militantis Ducem exercet, non ad ruinam sed ad
gloriam, *nec dabit in aeternum fluctuationem iusto.*

Hanc Beatitudinis Vestrae totiusque Ecclesiae calamitatem nostris neophytis non ausi fuimus cum nimio eorum scandalo aperi-
re; non suspicantur enim inter occidentales Fideles, qui illos tanta
charitate per stipendia et viros apostolicos fovent, existere posse
vel unum qui audeat ad Sanctitatis Vestrae nutum non cum omni
obsequio ac religione obtemperare. Ideoque indiximus illis preces
pro generali tantum Ecclesiae necessitate. Nos vero filii vestri,
sanctae Sedis Missionarii, in secreto cordis nostri gementes, inter
vestibulum et altare ad Auctorem totius consolationis supplices manus tollimus; et proprio vellemus, si fas esset, sanguine hanc
iniquitatem diluere, et laetitiam cordi Sanctissimi Patris nostri
reddere. Quod enixe petimus et maxime speramus per interces-
sionem Immaculatae Virginis Mariae, quae tanta voluit Beatitudinis
Vestrae Pontificatum gloria illustrare, ut futura saecula Immacu-
latam Dei Genitricis Conceptionem celebrare non poterunt, quin
Sanctissimum Pontificem, qui singulari Dei privilegio hanc merue-
rit promulgare, recolant.

Et haec nobis altissimo cordi spes reposita est, quod non
patietur pientissima Virgo Patrem Christianorum, quorum ipsa
Mater esse gloriatur, cum dolore ducere reliquos pretiosissimae
vitae dies, sed pacem dabit, etiam per Vos, temporibus suis;
ut fiat eximiis laudibus vestris accessio et nova cunctis Fidelibus iubilatio.

Interim ad pedes Sanctitatis Vestrae provolutus, eos humillime deosculor, et apostolicam Benedictionem pro me indigno et pro omnibus huius Vicariatus Operariis et Fidelibus exposco.

Kouy-yâng-foù, ex sacello S. Ioseph, die 1 Octobris 1861.

✠ LUDOVICUS S. FAURIE, *Episcopus Apolloniensis, Vicarius Apost. Kouy-tchedu, in Sinis*

(Seguono le altre firme de' Missionarii.)

LASSA NEL TIBET IN CINA

(Vicariato Apostolico)

IL VICARIO APOSTOLICO DI LASSA

AL SOVRANO PONTEFICE

Beatissime Pater,

In remotissimis Asiae locis constituti, hisce solummodo diebus tum per Allocutionem Sanctitalis Vestrae in Concistorio secreto 26 Septembris 1859 habitam, tum per epistolam Encyclicam 19 Ianuarii 1860, tum per privatas litteras ex Europa venientes, cognovimus dolores qui affligunt cor vestrum, sacrilegorum hominum nefarios ausus contra sancti Petri Patrimonium, impiissimas iniurias quibus impetitur Christi Vicarius, defectionem quoque lamentandam !..... Quanto dolore, quanta tristitia et nos affecti sumus, talia audientes ! Numquid possemus tacere? Quamvis enim simus nullius momenti homines, cor nostrum et fides nostra silere nos vetant. Si quid solatii cordi paterno ex affectu indignissimorum filiorum provenire potest, liceat et nobis in extremo terrarum orbe positis fletus miscere cum fratribus nostris in Europa degentibus, qui suis scriptis, sua insigni et constanti operatione sanctae Sedis apostolicae iura defendunt ; utinam et nobis pro tali causa datum esset labores eorum assequi et persecutiones imminentes ! Et quidem intra nostros longinquos montes non nisi manus nostras ad Deum pro dimicantibus levare possumus. Ideo ego et Missionarii mei quamvis pauci coronae aureae quotidie a nobis implendae instantes, vota insuper et preces iuxta mentem Sanctitatis Vestrae Deo offerre et a neophytis nostris offerri satagimus. Faxit Deus ut finiatur dolor amantissimi Patris! Fide quidem edocti sumus inviolabilem esse firmitatem Petrae in fundamento Ecclesiae positae; scimus hunc esse lapidem angularem de quo sicuti de Christo dicendum est: *Qui super lapidem istum ceciderit confringetur, super quem vero ceciderit conteret eum.* Itaque indubitanter credimus quod deficient scrutantes scrutinio, consilia mala; et sine cunctatione dicimus cum Propheta: *Reddes incicem, Domine, iuxta opera manuum suarum. Dabis eis scutum cordis laborem tuum. Persequeris in furore et conteres eos sub coelis, Domine.* Sed et totis animi viribus obsecramus eum, qui fluctibus et mari imperat, ne permittat ipsos prius perficere contra sacratissimam Vicarii Christi personam, quae cogitant impia consilia, dicentes: *Mittamus lignum in panem eius.....* O Sanctissime Pater! nonne Deus dixit eodem modo periclitanti Prophetae: *Ne timeas?* Post labores, tribulationes, dolores, perturbationes multas, speramus quod Deus dabit Ecclesiae pacem, Sanctitati autem Vestrae gaudium et gloriam, quoniam ex omni tribulatione eripuit Vos Dominus et super inimicos vestros despiciet oculus vester. Has preces indesinenter fundimus; hoc est votum cordis nostri: hoc, renascente anno, ad pedes Sanctitatis Vestrae provolutus, suppliciter apostolicam Benedictionem pro me, meis Missionariis et mea Missione implorans, humillimo summo et Sanctissimo Patri offerre gestit,

Ex districtu Tsin-ki-hien in Su-tchuen, prope ad populos Thibetanos, die 26 Decembris 1860.

Filius sanctissimus et devotissimus

✠ IACOBUS LEO, *Episcopus Sinopolitanus,*
Vicarius Apostolicus Lahasse

LEAO-TUNG IN CINA

(Vicariato Apostolico)

IL VICARIO APOSTOLICO DELLA MANCIURIA

AL SOVRANO PONTEFICE

TRÈS-SAINT PÈRE,

J'ai reçu, en cette extrémité du monde, l'Encyclique de Janvier 1860, adressée par Votre Sainteté à tous les Évêques de la Chrétienté. Hélas! Nous n'avons pu retenir nos larmes en lisant cette page sublime toute empreinte de vos douleurs, et qui reflète si vivement les maux de l'Église. Nous associons bien vivement, Très-saint Père, nos vœux et nos prières à celles de l'Église, si traîtreusement persécutée dans son auguste Chef. Que ne m'est-il donné d'aller moi même en personne déposer à vos pieds l'hommage de notre douleur, et protester contre tant d'attentats!

Séparés de Votre Sainteté par l'immensité des mers, et cernés de toute part, depuis quatre mois, par une zône de glaces, nous sommes sans nouvelles, et partout dans une bien vive et cruelle anxiété. Déjà vos héroïques soldats avaient subi un échec: notre brave de La Moricière, nouveau Judas-Machabée, aura-t-il pu arrêter le flots de ces brigands, hordes sacrilèges que l'enfer semble vomir de ses abymes: *Adversus Dominum et adversus Christum eius!*

Daigne la Divine Bonté abréger ces jours d'épreuve : *Dies calamitatis et miseriae !* Daignent les Puissances catholiques, comprenant mieux les intérêts de l'Église, qui sont aussi les leurs, sortir enfin de leur trop longue inaction ! Daigne la Fille ainée de l'Église se souvenir de sa haute mission, et fidèle à ses traditions, marcher à la tête de vos défenseurs !

Très-saint Père, le Patrimoine de saint Pierre, tous les domaines de l'État pontifical Vous seront conservés intacts : la vigueur apostolique de Votre Sainteté nous en est le sûr garant : elle réjouit tous les cœurs catholiques : elle est, après Dieu et Marie conçue sans péché, notre ferme espérance : les hurlements de tous ces détrousseurs d'États seront impuissants, et le bon Dieu fera enfin succéder le calme à cette tempête qui semble devoir tout submerger ! *Accingere, Potentissime : prospere procede et regna : populi sub Te cadent !*

Prosterné à vos pieds que je baise avec amour, je demande humblement pour nous votre Bénédiction apostolique.

De Votre Sainteté, Très-saint Père,

Mandchourie, Vallée de N. D. des Neiges, 19 Mars 1861.

Le très-humble, très-dévoué et très-obéissant Fils et Serviteur

✠ EMMANUEL VERROLLES, *Évêque de Colomby,*
Vicaire Apost. de Mandchourie

PE-KIN MERIDIONALE-ORIENTALE IN CINA

(Vicariato Apostolico)

IL VICARIO APOSTOLICO DI PE-KIN

AL SOVRANO PONTEFICE

BEATISSIME PATER,

Toto divisus orbe, atque ab omni viarum aditu pluribus abhinc mensibus interclusus, doleo sane quod sero, nonnisi post
omnes alios, Beatitudini Tuae tot amaritudinibus oppressae condo-
lentis animi mei sensus, pietatem et observantiam potuerim significare. Nos equidem europaei Missionarii, ubi primum cum summo animi nostri dolore cognovimus quibus angustiis premeretur
apostolica Sedes, direximus ferventiores preces ad Deum, a quo
venit et veniet semper auxilium Ecclesiae suae praesentissimum.
Verum Christianis nostris publicas orationes indicere haud opportunum nobis visum est, ne ipsis scandalo esset audire quot et
quantis vulneribus maiores et in fidei primogeniti filii Patris opti-
mi cor amantissimum impeterent dilacerarentque. Ista enim sinen-
sis natio, vel ipsius naturae magisterio edocta, maximam, ut omnibus notum est, venerationem erga auctoritatem, sive paternam,
sive regiam, profitetur. Qui vero fidei lumine illustrati sunt nostri

Christiani facile credunt, sanctam romanam Ecclesiam catholicam
et apostolicam, magnam veluti quamdam esse familiam toto orbe
terrarum diffusam, cui Pater summus est Petri Successor Deique
in terris Vicarius. Hanc autem tuam, Beatissime Pater, et sau-
ctae Sedis auctoritatem tanto excelsiorem, universaliorem, uno
verbo, diviniorem omni alia quacumque sibi, uti res est, animo
effingunt, quanto anima corpori, aeternitas tempori, terrenis coe-
lestia sublimius praestant, discrimine scilicet infinito. Quin imo
plerisque, ut ex ipsorum interrogationibus percipere pluries licuit,
quasi insita esse opinio videtur, Sanctitati Tuae datum esse et fa-
miliare, sicut olim Moysi, facie ad faciem Deum videre, atque
eius frui colloquio.

Crucis suae, quae toto suo pondere Beatitudinis Tuae humeris
incumbit, benignus Dominus minutissimam particulam mihi por-
tandam dare dignatus est; quippe qui fame, peste, bello Pro-
vinciam hanc visitavit, et nos etiam morbo diuturno ac tandem
morte plurium sociorum.

Gravissimo oppressi veterno dormiunt somnum suum Pagani,
neque ad fidem nunc amplectendam videntur omnino parati. Sed
Tu, Beatissime Pater, qui Dei vices tenes, sonu vocis illius ma-
gnae, concutientis desertum, atque e tumulo mortuos revocantis,
potentissima benedictione dic: Ossa arida, audite verbum Domini;
et ecce in iussu tuo, qui Petri est, qui Dei est, praedicantibus
iis quos misisti, fiet commotio, stabitque super pedes suos exer-
citus grandis nimis valde novorum fidelium. Quis scit enim an fletus illi quos, ob pressuram quam in mundo nunc habet, edere
cogitur Ecclesia, gemitus iam non sint matris novos populos Christo sponso parturientis? Utinam Ille, cuius nomen ab ortu solis
usque ad occasum laudabile est, hanc nostram recens natam,
quae se Tibi, Sanctissime Pater, totam debet, minimam Ecclesiam
habitare faciat sterilem in domo, tandem aliquando matrem filiorum ad unum usque credentium laetantem!

Append. gen. II. 28

Tanti huius operis atque aeternae salutis auspicem mihi, meis
Missionariis, parvulo gregi quem immerenti credidisti, Pater Beatissime, apostolicam Benedictionem demisso animo exoro ad pedes provolutus,

Sanctitatis Tuae,

E Tchao-kia-tchouang in Sinis, 21 Novembris 1860.

Humillimus et obsequentissimus Servus et Filius

✠ ADRIANUS LANGUILLOT, e Soc. Iesu, Episcopus Sergiopolitanus,
Vicarius Apost. Pekino-meridio-orientalis

PE-KIN OCCIDENTALE IN CINA

(Vicariato Apostolico)

ESTRATTO DI UNA LETTERA

DEL VICARIO APOSTOLICO DI PE-KIN

AI COMPILATORI DELLA PRESENTE RACCOLTA

Testis mihi Deus est quod iustitiam eius non abscondi in corde meo. Cum primum ad me pervenit nuntium de civilis Ecclesiae Principatus invasione, sine mora Sanctissimo Domino litteras dedi et ex Chan-hai, ubi exulare coactus fui, novas simul
cum Illustrissimo Visitatore Apostolico et quibusdam aliis Vicariis
apostolicis litteras scripsi, quarum responsum a Sanctissimo Domino iamdiu recepi. Praeterea in omnibus et singulis meis ad Emi-
nentissimum de Propaganda Fide Cardinalem Praefectum litteris,
doloribus Sanctitatis Suae aut potius totius Ecclesiae catholicae
condolere nunquam omisi. Dolor enim cum sit capitis non potest
non esse et corporis, cuius membrum sum ego. Scio et cum ipso
summo Pontifice dico et semper dicam « Singulari Divinae Provi-
« dentiae consilio factum esse, ut romanus Pontifex, totius Eccle-
« siae Pastor, nulli unquam Principi subiectus, supremam uni-
« versi gregis pascendi regendique potestatem auctoritatemque ab
« ipso Christo Domino acceptam, per universum quo late patet
« orbem plenissima libertate exercere, ac simul facilius divinam
« Religionem magis in dies propagare et variis fidelium indigentiis

« occurrere et opportuna flagitantibus auxilia ferre et alia omnia
« bona peragere posset, quae pro re ac tempore ad maiorem totius
« christianae Reipublicae utilitatem pertinere ipse cognosceret. »
Haud dubium ergo est summum Ecclesiae Pontificem plenissima,
qua indiget, libertate frui non posse, si ulli unquam saeculari Principi subiiceretur. Praeterea perspicuum apud omnes est, sceleslis-
simos illos impios civilem Ecclesiae Principatum invadere et de-
struere non alio fine conari, nisi ut Romano Pontifice dignitate
et, qua fulget, maiestate semel spoliato, liberius Religionem ipsam
catholicam oppugnent et, si fieri posset, evertant. Quapropter,
Reverende Pater, non possum et ego cum omnibus totius Ecclesiae
Praesulibus non vehementer dolere, condemnare, detestari impios
infensissimorum civilis Principatus hostium ausus ac conatus. Pe-
racta hac mea protestatione, mihi nihil superest nisi desideriis ac
ardentibus summi Pontificis votis respondere. Tollendo scilicet thu-
ribulum et hausto igne de altare, mittendo incensum desuper et
pronus in faciem Domini dicere sicut Moyses et Aaron : nunc aliquibus peccantibus contra omnes ira tua desaevit! Certus sum
quoniam nec nunc quoque relinquet Dominus virgam peccatorum
super sortem iustorum. Non est abbreviata manus Domini nec
facta impotens ad salvandum. Veniet, veniet auxilium, liberabit
absque dubio Ecclesiam sponsam suam ille, cui omnis potestas
data est in coelo et in terra, et qui Petro tradidit claves Regni cae-
lorum. Liberabit Ecclesiam sponsam suam ille, qui suo sanguine
pretiosissimo redemit eam, suo spiritu dotavit, donis coelestibus
exornavit, dilavit etiam et terrenis. Tandem orationibus tuis me
commendans Deum Optimum enixe rogo, ut Paternitatem tuam diu-
tissime incolumem servet atque sospitet.

Provincia Tche-ly, Tching-ting-pu, die 19 Octobris 1861.

Humillimus ac obsequentissimus Servus et Confrater

✠ I. B. ANOUILH, S. C. Miss., Episcopus Abydensis,
Vicar. Apost. Tche-ly merid.-occid., Coad. Pekini

SIAM OCCIDENTALE

NELLA PENISOLA DI MALACCA O MAYALAN

(Vicariato Apostolico)

ESTRATTO DI UNA LETTERA

DEL VICARIO APOSTOLICO DI SIAM

AI COMPILATORI DELLA PRESENTE RACCOLTA

Quelle douleur amère d'apprendre tout ce que l'autorité Pontificale a dû souffrir de l'ambition et de l'impiété des méchants ! On est étonné d'entendre répéter par les ennemis de tout droit, que l'Église doit être sur la terre sans Couronne et sans Royaume ; qu'à elle n'appartient par le droit de gouverner les peuples. Mensonge contre l'histoire des nations ! Quoi ! Cette Église, dont la legislation a sauvé l'Europe dans les mauvais jours : cette Église qui a été le tribunal souverain des peuples et des Rois : cette Église qui a su raffermir et maintenir, et si long-temps protéger les libertés naissantes contre l'empire de la force, n'aurait pas aujourd'hui la science nécéssaire pour régir un petit peuple ? Et qui donc a erigés ces pretendus partisans en juges supérieurs de la capacité du représentant de Jésus-Christ sur la terre ?

Qui leur a dit qu'il y à incompatibilité entre un pouvoir spirituel et temporel, réunis dans une même main ? Dieu n'avait donc

pas pris garde à celte anomalie, quand autre fois chez les Juifs
il avait assemblé sur la même tête ce double pouvoir.

Nous aurions cru, nous dans la simplicité de notre foi, qu'une
autorité, qui avait été la sauvegarde et l'école des nations, aurait
du moins quelque droit à leur gratitude; et voici qu'aujourd'hui
on surexcite la bave des peuples pour lui faire subir une honteuse
degradation. Oui, sa double autorité est incompatible aux yeux
des méchants, parce que, n'osant guère aujourd'hui ébranler sa
foi affermie par tant de siècles, et appeler au martyre; ils ont
resolu d'anéantir son action, en brisant sa liberté; et voilà pour
quoi ils cherchent à lui arracher lambeaux par lambeaux le petit
coin de terre où se retranche son indépendance.

Il a été un temps où l'Église n'avait pas d'empire temporel
sur la terre durant des siècles, proscrite et persecutée. Son trône
était des échafauds, son palais des catacombes et son sceptre une
simple croix de bois. On conçoit que posée en face de ceux qui
n'aimaint pas le Christ, son Épouse sur la terre dût porter tout
le poid de leur haine et de leurs injustices. Mais aujourd'hui que
la foi est devenue celle des peuples, n'est il pas nécessaire, même indispensable d'avoir son autorité rehaussée par l'éclat d'une
couronne terrestre, et sa dignité maintenie par son indépendance?
Les peuples avaient compris ce besoin de l'Église et de leur foi,
et voilà pourquoi l'estime et le respect des sujets et des Rois
avoient fait au Souverain Pontife l'offrande du coin de terre, qui
devint le perpetuel domaine de l'Église.

Maintenant les droits les plus sacrés sont foulés aux pieds,
une politique impie et parricide a commandé et operé la spoliation, et ceci sous le patronage, ou l'action immediate de ceux
que l'Église honore du titre de ses Enfants prèmiers nés. Et quel
temps ont-ils choisi pour opérer ces sacrilèges envahissements?
Celui ou le trône Pontifical était occupé par le Pontife réputé le
plus doux, le plus liberal de tous les Souverains. Quelle peine

pour son âme de se trouver aujourd'hui forcé par ceux là même qui se disaient ses plus fidèles amis.

Des jours bien mauvais passent sur l'Église et c'est à Pie IX à ressentir toute cette amertume ; mais, s'il est une pensée qui puisse adoucir le spectacle de sa profonde douleur, c'est de contempler la magnanime fermeté et la patience apostolique, qu'il a deployé contre l'audace hypocrite des envahisseurs. Nous nous reposons sur la bonté du ciel pour croire que sa magnanimité sera couronnée et ôtera aux ennemis de l'Église le triomphe qu'ils croient si prochain. Si l'hommage de nos sympathies et de la sympathie de tous nos confrères et les vœux sincères de tous nos chrétiens, devaient compter pour quelque chose dans cette grande unanimité de tous les peuples catholiques, dévoués à la cause de notre saint et vénéré Pontife Pie IX ; nous l'eussions déjà depuis long temps déposé aux pieds de Sa Sainteté, au lieu de nous borner seulement à joindre nos prières à celles de toute l'Église, demandant à Dieu d'abréger ces jours de malheur.

✠ J. B. Boccro, *Évêque d'Atalic*,
Vicaire Apost. de la Malacca

TONCHINO MERIDIONALE

NELL'IMPERO ANNAMITE

(Vicariato Apostolico)

ESTRATTO DI UNA LETTERA

DEL VICARIO APOST. DEL TONCHINO MERID.

AI COMPILATORI DELLA PRESENTE RACCOLTA

Censeo ac semper censui, Principatum civilem, quo Ecclesia catholica peculiari Dei providentia non alio dotata fuit, quam ut summus Pontifex, cuius est pascere omnes oves Christi, plenissima libertate pollens, omnes partes officii sui adimplere valeat, absque sacrilegio, iniustitia et maximo religionis detrimento, sub quocumque praetextu, a nullo praedone, etiam dignitate regia insignito, ei auferri posse.

Hanc occasionem non praetermittam, quin declarem maximas gratiarum actiones summo Pontifici Pio Nono ab omnibus honestis hominibus persolvendas esse, pro prudentia et fortitudine, quibus iura non solum Ecclesiae sed et societatis civilis constantissime tuetur, contra sacrilegos praedones eorumque perfidos fautores, qui eo impudentiae seu potius dementiae devenerunt, ut, Ecclesiam spoliando, ministros eius verbis mendacibus lacessendo, contradicendoque quibus depositum veritatis a Deo commissum est; sese

rem religiosam plurimum curare, nec non ius novum promovere,
in opprobrium generis humani, perinde ac si omnes homines ra-
tioni ac conscientiae aeternum usque huc vale dixissent, iactare
non erubescant.

Sai-yon, 27 Septembris 1861.

Humillimus Servus

✠ IOANNES D. GAUTHIER, *Episcopus Emaus*
et Vicarius Apost. Tunquini merid.

TONCHINO ORIENTALE

NELL'IMPERO ANNAMITE

(Vicariato Apostolico)

ESTRATTO DI UNA LETTERA

DEL COADIUTORE DEL VICARIO APOSTOLICO

DEL TONCHINO ORIENTALE

AL PREFETTO DELLA CONGREG. DI PROPAGANDA

———

..... Etsi tot inter angustias constituti, nefas est ut Sanctissimi Domini nostri Pii IX et Eminentiarum Vestrarum obliviscamur. Si certum est illud, cum caput dolet caetera membra dolent, cum misericordia Dei membra simus Ecclesiae, cuius Caput est romanus Pontifex, non possumus non dolere, cum videamus nostrum Caput tot circumdatum adversitatibus. Si omnes vere catholici aegre ferunt quod romana Ecclesia tam impio, non solum iniuste, suo temporali expolietur Regno; qui, etsi immerito in partem sollicitudinis eius sunt Episcopi assumpti, maximo debent affici dolore, quod melius sciunt Dei Providentia esse factum, ut Ecclesiae regimini valde utile, ne dicam necessarium, quod romani Pontifices, qui omni debeant potiri Independentia, proprium possiderent Regnum, si non magnum, saltem quod sufficiens esset ad plenam et omnimodam a saecularibus potestatibus liberam independentiam. Nam si romanus Pontifex alicui Regi in temporalibus esset subiectus, suspicioni aliis catholicis regnis locum daret de spirituali potestate non iuste administrata, multaque alia quotidie orirentur praeiudicia, quae nec ipsis Ecclesiae Provincias usurpantibus latere possent, si regnandi ambitione, ne amplius dicam, non essent praepediti. Si a tempore Imperii romani dissolutionis et eiusdem Provinciarum in varia regna divisionis, tam sapienter a divina providentia initium habuit romanorum Pontificum Regnum temporale, et sequentibus saeculis auctum semper ab omnibus fuit; atque id ut prudentissimum factum fuit recognitum; quid his in saeculis iudicandum, cum Regum pietas decrevit, et impiorum molimina in Religionem catholicam tam immense excreverint? Hic reminisci oporteret, quod non semel, in factis hominum, ipsos agentes lateat, quae sapientissimus Deus ex huiusmodi actionibus deducendum decrevit. Fortasse Reges, qui tam generose romanam Ecclesiam Provinciis ditarunt, solum habuerunt in mente, ut Christi in terris Vicarii externum augerent splendorem et dignitatem, quod utique omnibus catholicis consentaneum videri debebat; sed mihi videtur in hoc negocio digitus Dei fuisse, ne scilicet spiritualis Ecclesiae potestas sequentibus saeculis ex hominum malitia minus libere exerceretur. Pontifices enim etsi magni, homines tamen sunt, et vel saepissime inter ipsos et proprium Regem temporalem contentiones fuissent ob Pontificum voluntati Regum obsistentiam, vel romani Pontificis conniventia catholicos alios Reges et populos offendisset.

Magnam ergo habeamus confidentiam, quod ipse Deus Sanctissimum Dominum nostrum et Ecclesiae temporalem Principatum in totius Ecclesiae bonum ex usurpatoribus liberabit; quod tam illustrissimi Vicarii apostolici, orientalis et centralis, quam qui subscribit, semper optarunt, et a Deo humilibus exorarunt precibus. Quae nostra omnium vota Eminentissimos Patres exoro ut Sanctissimo significare velint, et pro ambabus Missionibus cum suis Pastoribus apostolicam Benedictionem impetrare nobis a Sanctissimo non dedignentur.

Interim sum cum maxima animi demissione, Eminentiarum Vestrarum.

Datum in pago Trà-Cò, die 21 Nov. ann. Dom. 1861.

Humillimus et obsequentissimus Servus

✠ *Fr.* Hilarius Alcazar, *Ord. Praed.*, *Episcopus Paphensis et Coad. Vicarii Apost. Tunq. orient.* [1]

---

[1] Quel che rende più pregevole questo documento si è che quel Vesco-vo non dimenticava il suo dovere di sostenere la santa Sede nei suoi diritti temporali, nel momento in cui la persecuzione infieriva nel Tunchino, ed egli, ricevuta nel paese Trà-Cò, nei confini del Vicariato, ove trovavasi nascosto, la notizia della cattura del Vicario Apostolico, nella persuasione che il mede-simo sarebbe forse già stato, o sarebbe presto per essere annoverato tra i Martiri, anzichè cedere al consiglio di restarsi nel suo nascondiglio, si dispo-neva in gran fretta ad internarsi nel Vicariato. Questa è la relazione del fatto così da lui esposto: *Praeclarus Vicarius Generalis, qui simul est Praelatus re-gularis Missionis, me instantissimis verbis orat, ut nolim ad Vicariatus interio-ra me transferre, timens ne in persecutorum manus incidam: quin imo impense me rogat, ut ad partem tutam confugiam. Nec me latet ex prudentiae regulis hoc procedere consilium; sed timeo Domini Jesu sententiam illam « mercenarius vero et cuius non sunt oves propriae..... »* unde firmiter statui inter Anamitas commorari, dummodo inveniam qui me recipiant, « nec facio animam meam pretiosiorem quam me, etc. »

XAN-TUM IN CINA

(Vicariato Apostolico)

IL VICARIO APOSTOLICO DI XAN-TUM

AL SOVRANO PONTEFICE

BEATISSIMO PADRE!

Il grido universale, o Beatissimo Padre, delle nere ingiustizie
commesse o che si commottono dai faziosi in cotesta mia diletta
patria, è arrivato fin qua in queste rimote contrade della Cina.
Sappiamo con sommo nostro dolore, che Vostra Santità è stata
spogliata della maggior parte dello Stato della Chiesa, e l'altra
parte è prossima a perdersi. Già da gran tempo faccio pregare
questi miei Cristiani per i bisogni della Chiesa, senza aver fin qui
manifestato loro il motivo, mentre sarebbe per essi scandalo grandissimo se arrivassero a sapere lo stato deplorabile, in cui Vostra
Santità presentemente si trova. Sanno che gl'Italiani si gloriano di
possedere nel seno dell'Italia la sede della Religione, ed invidiano
quei popoli che dalla vostra paterna bontà sono governati ancor nel
temporale. Ora sapendo, che da cattolici rinegati e da alcuni perversi Italiani viene spogliata Vostra Santità del Dominio temporale,
quale scandalo non sarebbe per questi poveri neofiti?

I nemici di nostro Signore Gesù Cristo hanno attaccato la
Chiesa cattolica in tutti i suoi dogmi e non l'hanno potuta vincere,

perchè l'Onnipotente parlò fin dalla sua fondazione, e disse: *Portae
inferi non prevalebunt adversus eam.* Credono forse poterla or vincere
togliendole lo Stato dall'Onnipotente assegnatole? Satana dal Crocifisso fu sconfitto, e scacciato negl'infernali abissi; così i seguaci
di lui, che imperversano contro la Chiesa, avranno lo stesso fine.

Il ministero di Vostra Santità porta di non soggiacere a nessuna potestà terrena per il libero governo della Chiesa; ed è per
questo che la divina sapienza assegnò al suo Vicario qui in terra
uno Stato nè piccolo, nè grande, ma sufficientissimo all'uopo. Per
spogliare dunque la Chiesa del suo Stato, bisogna prima calpe-
stare ogni legge d'equità e di giustizia, ed umiliarsi alla vilissima
condizione di sacrilego assassino. Non vi è al mondo cosa più
legittima e più sacra del Dominio temporale della Chiesa; avve-
gnachè sono state tutte donazioni libere e spontanee, fatte da più
Regnanti, e dai Santi Pontefici nel nome di Dio e della Chiesa
ricevute: e quando c'è stato chi voleva impadronirsene, con so-
vrumano coraggio si sono opposti senza mai avervi ceduto. Gli
empii sacrileghi, che per ambizione *et sacram auri famem*, ora
strappano dalle vostre mani, o Beatissimo Padre, lo Stato della
Chiesa, la pagheranno cara, e presto dovranno pentirsene per infinita *saecula saeculorum.*

Noi pertanto preghiamo il misericordiosissimo Dio che si degni ricondurre alla retta via i traviali, ed ammollisca i cuori degl'induriti, e sparga abbondantissime grazie su di tutti, e faccia
di tutti un sol ovile sotto la vostra direzione, o Beatissimo Padre,
unico Vicario dell'unico Pastore. Genuflesso in fine ai piedi di Vostra Santità, umilmente chieggo la pastorale Benedizione.

Di Vostra Santità.

Cina, dalla Prov. di Xan-tum, a dì 24 Agosto dell'anno 1861.

Umilissimo Figlio

✠ *Fr.* LUIGI DA CASTELLAZZO, *M. O., Vescovo di Zeropoli
e Vicario Apost. di Xan-tum*

YUN-NAN NEL S. O. DELLA CINA

Vicariato Apostolico

ESTRATTO DI UNA LETTERA

DEL VICARIO APOSTOLICO DI YUN-NAN

AI COMPILATORI DELLA PRESENTE RACCOLTA

..... Ce sont les journaux qui nous ont donné connaissance des attentats que des hommes pervers, impies et sacrilèges osent commettre contre la Souveraineté temporelle de notre Bienheureux Père le Pape, confirmée par une si longue série de siècles et reconnue incontestable par tous les droits. Nous n'avons donc rien à ajouter aux savantes et très-louables dissertations, qui défendent si noblement la cause du saint Siège apostolique, nous les louons, approuvons et recommandons de tout cœur. Honneur à tous leurs distingués auteurs! Nous ajoutons seulement : 1.º Il est de foi que Notre Seigneur Jésus-Christ a de lui même conféré au Bienheureux Pierre la pleine puissance de gouverner sa sainte Église *in toto terrarum orbe*, de paître ses agneaux et ses brebis, *pasce agnos meos, pasce oves meas*, et dans sa personne, le même pouvoir, la même toute puissance a été donnée à ses Successeurs les Pontifes romains, et cela, jusqu'à la consommation des siècles. 2.º Notre Seigneur en revêtant ses Vicaires sur la terre de la pleine puissance de gouverner son Église, leur a par là même aussi donné très certainement le pouvoir et les moyens de mettre cette puissance à exécution. Or, la Souveraineté temporelle de notre Bienheureux Père le Pape, indépendante de tout autre pouvoir civil, lui est absolument nécessaire pour que Sa Sainteté puisse librement, et salutairement exercer sa Souveraineté spirituelle. Misères humaines!..... *Quare fremuerunt gentes, et populi meditati sunt inania?*..... *Qui habitat in Coelis irridebit eos, et Dominus subsannabit eos.....* *Portae Inferi non praevalebunt.* Daigne notre Seigneur dans sa bonté infinie et ses miséricordes sans bornes, convertir tous ces fils rebelles et ingrats envers leur mère la sainte Église romaine, envers les plus saint, le plus doux et le meilleur des Pontifes! C'est l'objet de nos vœux les plus ardents.

Yun-nan, 14 Octobre 1861.

Votre très-humble et obéissant Serviteur

✠ JOSEPH, *Évêque de Philomélie, Vicaire Apost. du Yun-nan*

OCEANIA

AUKLAND NELLA NUOVA ZELANDA

(Diocesi immed. soggetta alla S. Sede)

ESTRATTO DI UNA LETTERA

DEL VESCOVO DI AUKLAND

AI COMPILATORI DELLA PRESENTE RACCOLTA

..... Hic, in his scilicet antipodis ubi habito cum multis gregibus novis, qui sunt Ecclesiae quasi ramus novus in regione maxime remota, ramus equidem, quem Dei gratia produxit per ministerium apostolicum infirmitati meae commissum ; ramus novellus iste, si ita loqui fas est, consubstantialis est Ecclesiae Matri, atque in ipsa ac in omnibus aliis eius ramis, qui ad hanc sanctam Iesu Christi Sponsam pertinent, et qui a Bono Pastore isto coelitus vivificantur, et ab augusto Vicario suo in terra diriguntur, ipse quoque vivificatur et dirigitur.

Iam vero in notione ista sic exposita, facile est invenire testimonium ac decisiones meas supra quaestionem illam quae attentionem pastoratus ac gregis Ecclesiae attraxit. Decisiones igitur meae non possunt esse dissimiles decisionibus, quas Episcopi catholici, ac summus Pontifex eorum dux, iam unanimiter dederunt. Hic igitur, sicut in omnibus aliis Ecclesiae locis, theoria doctrinalis est eadem. Quare iudicio meo individuali, declaro: Civilem Principatum Sanctissimi Domini nostri Papae, esse a Deo per providentiam,

quae hunc suppeditavit ; esse insuper Iustum ac legitimum in re
politica, maxime utilem, expedientem et quasi necessarium seu
hypothetice valde requisitum in decursu saeculorum mundi, in quo
populi habitualiter remanent, nationibus ac ducibus tam facile
cessantibus. Summa enim potestate temporali, Summus Pontifex
fit dux magis visibilis Ecclesiae, magis honore conspicuus, magis
influens, magis independens ac liber ad Christianos gubernandos
absque susceptibilitatum ac diffidentiarum incommodis, quae pro-
duci possent in populis erga Sanctissimum Dominum nostrum Pa-
pam, qui civilem Principatum, tanquam sancti Petri Patrimonium,
non possideret. Namque ipso facto quod civilem illam potestatem
supremam non haberet Summus Pontifex, ipse necessario esset subiectus alicuius civilis Ducis, in medio nationum terrae ac earum
Principum, qui sunt inter se separati independentia, ac saepe saepius aemulationibus ac rivalitatibus, quae Pontificis Ecclesiam re-
gentis pastorali directioni maxime nocere posseut; utpote quae spiritualem ovium obedientiam exponerent periculo apprehensionum
seu diffidentiarum, argumentis plus minusve ponderantibus inni-
xarum ; quibus timendum esset ne libertas Pastoris, Principi saeculari subiecti, nociva influentia impediretur ab illa gregis ove
quae supremam potestatem civilem in illum exerceret.

Praefatae autem considerationes relative ad meipsum non pertinent tantum ad quoddam veritatis theoricum systema, sed ad
practicum sensum, quem facile est concipere visitando nationes,
circumeundo mundum, sicut ego, propter sanctae fidei nostrae labores. Deo iubente et protegente, ter feci.

Utique igitur realiter verum est, quod populorum salus ac Ecclesiae bonum postulent civilem independentiam, seu correlative
civilem supremam auctoritatem Pastoris, qui cunctum gregem regit.
Ac proinde munus ac officium est Summi Pontificis, Episcoporum
et omnium Fidelium in his terris, vocem attollere contra quamcumque attentationem sancti Petri Patrimonio factam, atque per
omnia media legitima ac christiana illud propugnare. Insuper inde

quoque sequitur, quod qui huic eidem Patrimonio voluntarie nocere
ausi sint, sive activa offensione, sive passiva negligentia, seu de-
biti adiumenti denegatione, iniustitiae ac sacrilegii culpam committant coram Deo, qui est iudex iudicans iustitas hominum, et in
cuius manus horrendum est incidere. Protegat ipse Omnipotens
suum Vicarium in terris, eius pastoralem baculum, regale sceptrum
ac triplicem coronam Maiestatis, Sapientiae ac Bonitatis; omnia
enim haec a Deo data sunt ad populi bonum et salutem, quae sunt
in Deo prima lex seu finis communis Pastoris ac gregis! Prosit
intercessio Sanctorum ac Sanctissimae Mariae, quae est Virgo sine
labe Concepta, coeli Regina, Mater spiritualis Ecclesiae per suam
realem maternitatem Filii Dei Salvatoris nostri Iesu Christi! Ob-
tineant pro omnibus terrae populis Domini misericordias ac boni-
tates atque gratias charitatis, qua homines unum cor et animam
unam habeant, ac fiant unum ovile et uno Pastore supremo gau-
deant, in visibili Vicario Iesu Christi Domini nostri, qui est cae-
lestis Bonus Pastor ac fons ille a quo omnis pastoralis auctoritas
in Ecclesiam dimanat! Ipse est merces magna nimis, seu felicitas aeterna fidelium servorum suorum, qui usque ad finem
perseverent.

In his sensibus, et in unione fidei, sanctorum sacrificiorum,
precum et bonorum operum, secundum communionem Sanctorum
et in charitate Iesu Christi, praesens haec epistola ad nutum sanctae Sedis disponenda, tibi scribitur ac committitur.

Aucklandiae in Nova Zelanda, die 28 mensis Augusti 1861.

Humillimus Servus tuus in Christo

✠ I. B. Franciscus Pompallier, *Episcopus Aucklandensis*

CEBÙ O ZEBÙ IN MALESIA

(Provincia eccles. di Manila)

ESTRATTO DI UNA LETTERA

DEL VESCOVO DI CEBÙ

AI COMPILATORI DELLA PRESENTE RACCOLTA

..... Iam pridem Archiepiscopus Manilensis, proprio omniumque nostrum, harum Insularum Episcoporum, nomine, Sanctissimo Patri nostro Pio IX scripsit, non solum nostram in sanctam Sedem Ecclesiamque romanam sinceram devotionem individuamque unionem attestans; verum etiam tristissimas horum temporum calamitates perniciosamque errorum colluviem deplorans, nec non impiissimam Status pontificii invasionem, divino humanoque iuri contrariam, cum anticipatione damnans, utpote qui alte animo habebat Ecclesiae Catholicae *temporalem* Principatum, Pontificisque *temporalem* a quacumque saeculari potestate independentiam, ad ipsam Ecclesiam gubernandam maxime opportunam esse, ne dicamus, attento temporum statu, esse omnino necessariam.

Haec fuit sententia nostra et haec est, Deo miserante, etiam nunc mea, totiusque huius vastissimae Dioecesis Cleri firma constansque opinio, quam verbo, opere atque etiam sanguine defendemus, adversus horum temporum calumniatores homines, seditiosos cives improbosque principes, rebelles Ecclesiao filios, qui odio, vel ambitione adversus amantissimam suam Matrom dulcissimumquo Patrem insurgere non reformidant.

Datum 5 Augusti 1861, in oppido de Zebu in insulis Philippinis.

Obsequentissimus Servus

✠ Fr. ROMUALDUS, *Episcopus de Zebu*

PERTH NELL'AUSTRALIA OCCIDENTALE

(Provincia eccles. di Sidney)

L'AMMINISTRATORE APOSTOLICO DI PERTH

AL SOVRANO PONTEFICE

BEATISSIMO PADRE,

Mentre da tutti gli Stati e Nazioni del mondo arrivano ogni giorno, a consolare l'afflitto cuore di Vostra Santità, manifestazioni di filiale amore e di rispetto; noi Clero e Fedeli dell'Australia Occidentale desideriamo ancora deporre a' piedi della Beatitudine Vostra l'espressione del nostro profondo cordoglio per le circostanze che attualmente affliggono l'animo paterno di Vostra Santità, e del nostro attaccamento filiale alla Persona augusta della Beatitudine Vostra, e alla Sede di Pietro, sì degnamente dalla Santità Vostra occupata.

Sin da più mesi, Beatissimo Padre, dalla distante regione dell'Australia ascendono fervide preghiere al cielo, implorando dal supremo Moderatore degli avvenimenti umani, per mezzo della Sovrana Consolatrice degli afflitti, un termine alle incertezze che gli animi di tutti tengono sospesi, e un fine alla ribellione di snaturati figli, che il cuore paterno di Vostra Santità tanto contristano e amareggiano; ma le preghiere nostre, Beatissimo Padre, siaci permesso di dirlo, vanno più oltre.

Noi sudditi di un Governo protestante deploriamo, sebbene non ci fa maraviglia, che esso miri con fredda indifferenza I mali, che attualmente travagliano la Sposa di Gesù Cristo. Ciò, che ci sorprende e ci rammarica, è vedere partecipare della medesima indifferenza, chi pareva destinato dalla Provvidenza a mettersi per muro in difesa della Casa d'Israel, e osservare che si mantiene in stretta alleanza con un Governo eterodosso, il primogenito della cattolica Chiesa, mentre si discutono questioni, che tanto al Cattolicismo interessano.

Questo, Beatissimo Padre, è ancora l'oggetto delle nostre più fervide preghiere; poichè alla fine la Navicella, di cui Vostra Santità sì saggiamente e prudentemente regge il timone, riposa sulle promesse di Colui, che ai venti comanda, e le tempeste modera; ed ogni cattolico è persuaso, che essa può essere dall'urto delle onde scossa, ma non sommersa. La furia degli elementi cesserà presto o tardi, ed essa proseguirà maestosa il suo corso fino al giorno, in cui gli elementi, il tempo e le cose umane tutte finir dovranno.

Ma la sorte degli Imperii e di coloro che li governano, è ben differente; essi non possono vantarsi di simili promesse, nè trovano nelle istorie delle Nazioni fatti, che possano illuderli in questa materia. Che anzi se essi con calma rifletter vogliono sugli umani avvenimenti antichi e moderni, troveranno, che il Candelabro posto sull'alto del Vaticano, mentre sparge il benefico suo lume sull'universo tutto, riduce a ceneri l'audace farfalla, che ad esso ardisce avvicinarsi. E noi preghiamo, Beatissimo Padre, perchè un tale punimento non sia mai meritato dal Capo supremo di una Nazione generosa, nella quale Vostra Santità e la Chiesa tanti milioni conta di figli affezionati.

Noi preghiamo affinchè il giorno non arrivi, in cui il potente Principe, che tanti benefizii ha ricevuti dal Cielo per mezzo di Vostra Santità, il suo benefico Samuele, sentir possa, come il reprobato Saulo dall'irritato Signore: Mi pento di avorli fatto Sovrano [1].

Ma quell'antico e sfortunato Re scusar volea la causa della riprobazione sua dicendo, che se egli non avea obbedito esattamente al comando del Signore, era per poter poi offrirgli in sacrificio le vittime, che dalle spade de' vincitori suoi soldati avea salvate. non manca chi persuader si vuole, cho se un Principe, vedendo da una parte il dovere, che Iddio e la coscienza gli impone, vedesse dall'altra il genio del male, che minaccia alla sua esistenza se mal vuole compirlo, potrebbe alquanto impunemente dispensarsene.

Iddio non voglia che noi oltraggiamo l'onore d'un Principe, che tante prove ha donate di aver un'anima grande, attribuendo la sua politica ad un principio capace d'influire soltanto in un animo vile. Noi siamo persuasi, che egli sacrificherebbe generosamente mille e più volte la propria vita, se il sacrificio suo impedir potesse il fiume di sangue, che minaccia d'irrigar l'Europa.

Noi crediamo, che egli non ha dimenticato le ripetute prove, che la Provvidenza ha donate ne' giorni nostri, della cura speciale che essa tiene di salvare i suoi Principi dagli attentati parricidii. E crediamo ancora, che egli apprezza troppo la grandezza di colui, che qualunque sia la mano, che pone fine ai giorni suoi, può al tempo di soccombere, esclamare: *Dilexi iustitiam, et odici iniquitatem, propterea morior;* perchè egli voglia rinunziarvi, e aprirsi con un agiro inesplicabile un abisso, che assorbire potrebbe colla rapidità del baleno la sua esistenza, il suo trono, la sua dinastia, la sua gloria.

Noi dunque siamo lontani di attribuire un tale principio a una politica, che peraltro ha fatto innalzare milioni di voci da tutte le parti del mondo per riprovarla; ma preghiamo perchè il Signore, ricordandosi ancora della misericordia sua, voglia rimuovere il velo, che nascondo il dovere nobilo dagli occbi di quell'augusto Monarca, e fargli conoscere, che una politica da tanti riprovata non può essere nella giustizia, nè nella equità fondata. No: la fiaccola della umana mente non è tanto estinta, che gli uomini siano così universalmente portati nell'errore.

Non è da molto ancora trascorso il giorno in cui, se la morte avesse portato il fatale suo colpo sul trono di quel Principe augusto, l'Europa e il mondo incivilito tutto si sarebbe coperto di lutto. Nè può essere indegna di serie riflessioni alla mente di quell'uomo grande la causa, che tanti cuori gli ha allontanati. Ma grande Iddio! Sette milioni di voti furono l'istromento di cui la Provvidenza si servì per farlo salire sul trono; e non saranno tanti milioni di proteste, da tutte le parti del mondo fatte, un avviso, che la Provvidenza medesima ancora verso di lui propizia vuol donargli, per fargli conoscere, che non è forse lontana l'ora in cui, non cambiando di politica, la mano misteriosa scriverà sulle mura de'saloni suoi le fatali parole, che alle gioie dell'empio Baldassarre misero fine.

Noi preghiamo, Beatissimo Padre, perchè questi fatti ricordati nel codice rivelato, e dalla esperienza conformati, richiamino alla mente di quel potente Sovrano il fragil piedestallo della grandezza umana, affinchè egli non troppo vi si appoggi. Il più potente Imperatore non può far nascere il Sole un minuto prima dell'ora, che è a quell'astro prescritta; nè impedire, che le nuvole versino la loro pioggia su di lui, come sull'ultimo de' suoi vassalli. Mentrechè Iddio non abbisogna che far soffiare un vento per sommergere la più invincibile flotta; nè altro, che far discendere un poco più del solito il termometro per far cadere le armi dalle mani de' più agguerriti soldati.

Noi dunque, Beatissimo Padre, preghiamo, perchè quell'augusto Principe possa in mezzo allo splendore della sua grandezza ricordarsi, cosa è Dio, e cosa egli è; affinchè egli si muova allora a consolare l'afflitto Vicario dell'Eterno suo Figliuolo sulla terra, a difendere coraggiosamente i diritti della diletta sua Sposa, contro i disegni di snaturati figli, e a far finalmente cessare i gemiti, che tanti milioni di cuori, dalla presente sua politica nell'afflizione immersi, dal levante e dal ponente, dall'aquilone e dall'austro fanno salire incessantemente al Cielo.

Si degni Vostra Santità impartire la apostolica sua Benedizione al Clero, ai Fedeli dell'Australia Occidentale, e a questo della Santità Vostra

Devotissimo ed attaccatissimo Figlio

✠ D. GIUSEPPE MARIA BENEDETTO SERRA, *Vescovo di Daulia,*
Amministratore Apost. di Perth

IL PRO-VICARIO GENERALE

DEL VESCOVO AMMINISTRATORE APOST. DI PERTH

AL SOVRANO PONTEFICE

MOST HOLY FATHER,

We, the undersigned, the Clergy and Laity of the Diocese of Perth, in Western Australia, wish to give a cordial expression of our devotedness, affection and love to Your Holiness.

As soon as we received the sad news that the enemies of our holy Religion redoubled their efforts to induce You to accede to their impious designs, and that they were attempting to excite Your temporal subjects to rebellion, our heart was seized with great sorrow and grief; and from the beginning we addressed our humble prayers to the Father of lights, and the God of all comfort to direct and comfort You in all your difficulties and afflictions.

BEATISSIMO PADRE,

Noi sottoscritti, Clero e Laici della Diocesi di Perth nell'Australia Occidentale, desideriamo offerire a Vostra Santità la sincera espressione del nostro attaccamento, devozione ed affetto.

Tosto che ricevemmo le tristi nuove che i nemici della nostra santa Religione raddoppiavano i loro sforzi per indurre Vostra Santità ad accedere ai loro empii disegni, e che tentavano di sollevare a rivolta i vostri temporali sudditi, ne provammo grande rincrescimento e rammarico; e fin d'allora innalzammo le umili nostre preghiere al Padre dei lumi e al Dio d'ogni consolazione affinchè guidasse e confortasse Vostra Santità in mezzo

And when our beloved Bishop sent us from Rome a copy of the prayers, which Your Holiness had ordered to be said by the Priests and people in all Your Dominions, we also, according to the desire of our Bishop, recited them after the Holy Sacrifice of the Mass, and we will continue to do it, till these days of trial and calamity shall be over.

Our affliction has lately increased, having heard that Your Holy See has been robbed of a large portion of its temporal States through the most perfidious hypocrisy and violence, and that Your enemies are determined to deprive You entirely of all temporal Authority.

We had wished from the beginning to join with the foremost catholics in laying at the feet of Your Holiness the homage of our sympathy and filial devotion. But as we are in a poor and far distant land, and we were occupied in gathering our scanty means to build some Churches in those districts where we had none, or enlarge those already erected, we had been unable to accomplish our desires. These joined to the absence of our Bishop are

---

a tante difficoltà ed afflizioni. E quando il nostro amatissimo Vescovo ci mandò da Roma una copia delle Preci, che Vostra Santità aveva ordinato si recitassero dal Sacerdoti e dal Popolo in tutti i vostri Dominii, noi pure, conforme ai desiderii del nostro Vescovo, cominciammo a recitarle dopo il santo Sacrificio della Messa, e proseguiremo a farlo finchè questi giorni di prova e di disastri abbiano fine.

Si aumentò poi il nostro dolore all'udire che Vostra Santità era stata spossessata di una gran parte dei temporali Dominii con la più perfida ipocrisia e violenza, o che i vostri nemici hanno risoluto di spogliarvi interamente del poter temporale.

Fin dal cominciamento fu nostro desiderio unirci ai più ferventi Cattolici in deporre ai vostri piedi l'omaggio della nostra simpatia e filiale devozione. Ma trovandoci in un paese povero e così remoto, ed essendo occupati a raccogliere le largizioni dei Fedeli per la fabbrica di chiese nei Distretti, che non ne hanno alcuna, e per l'ingrandimento di altre già erette, le nostre brame rimasero finqui incompiute. Queste, unitamente

the reasons why our offerings are not proportionate to our desires, nor as early as we should wish. Nevertheless small as they are, we present them at Your feet, hoping that Your Holiness may be pleased to accept them as the testimony of the filial devotion not only of the white population, but also of some aborigines of Western Australia.

We avail ourselves of this opportunity to assure Your Holiness of our sincere attachment to the Holy Apostolic See; and that in the midst of so much affliction we have received great consolation at knowing that the God of all comfort strengthens and enables You to bear with heroic constancy all the present calamities, and to yield not to your enemies. We will not cease to address our humble prayers to God the Father through his Divine Son our Lord Jesus Christ, that he may vouchsafe to continue his Divine assistance to You, to shorten these days of trial, and to confound Your enemies: and we are firmly persuaded that after a little while He will have pity on us, and grant Your Holiness to see days of calm, peace and joy.

---

all'assenza del nostro Vescovo, sono le ragioni per cui le nostre offerte non sono proporzionate ai nostri desiderii, nè così pronte, come avremmo voluto. Nondimeno, piccolo come sono, le presentiamo ai vostri piedi, sperando che Vostra Santità si compiacerà accettarle come attestato della figliale devozione non solo della popolazione Bianca, ma altresì di alcuni aborigeni dell'Australia Occidentale.

Cogliamo poi questa occasione per assicurare Vostra Santità del nostro sincero attaccamento alla santa Sede apostolica, e che fra tante afflizioni ci fu non lieve conforto il sapere che il Dio d'ogni consolazione vi avvalora ed abilita a sopportare con eroica costanza le presenti calamità, e a non cedere ai vostri nemici. Mai non cesseremo di levare le nostre preci a Dio Padre, per mezzo del suo Divino Figliuolo Gesù Cristo, perchè si degni di continuare ad assistere Vostra Santità, di abbreviare questi giorni di prova, e di confondere i vostri nemici: e siamo fermamente persuasi che fra poco tempo si moverà a compassione di noi, o concederà a Vostra Santità di veder giorni di calma, pace e gioia.

Most Holy Father we, acknowledge and reverence You as the Successor of St. Peter and the Vicar of Jesus Christ upon earth, the Supreme Head of the Holy, Catholic and Apostolic Church, and the Father of all the Faithful, and we most humbly beg Your apostolical Blessing upon us Your devoted and obedient children of this remote land of Western Australia.

Perth, Western Australia, 17* of June 1861.

> MARTIN GRIVER, *Delegate of His Lordship the Bishop Apostolic Administrator of the Diocese of Perth,*
> RAPHAEL MARTELLI, *on behalf of the Clergy,*
> GEORGE RENNIE, *on behalf of the Laity.*

Santissimo Padre, noi vi riconosciamo e veneriamo come il Successore di san Pietro, e il Vicario di Gesù Cristo in terra, il supremo Capo della santa Chiesa cattolica ed apostolica, e il Padre di tutti i Fedeli, ed umilmente imploriamo la vostra apostolica Benedizione sopra di noi vostri divoti ubbidienti e affettuosi in questa remota parte dell'Australia Occidentale.

Perth, Australia Occidentale, 17 Giugno 1861.

> MARTINO GRIVER, *Pro-Vicario Generale di Mons. Vescovo Amministratore Apostolico della Diocesi di Perth,*
> RAFFAELE MARTELLI, *in nome del Clero,*
> GIORGIO RENNIE, *in nome del Popolo.*

Monsignor SERRA soscrive molto volentieri, e conferma quanto vien detto dal suo Pro-Vicario Generale D. Martino Griver, dal Clero e dai Fedeli dell'Australia Occidentale.

Roma, 30 Agosto 1861.

INDICI

INDICE PRIMO

TOLOSA IN FRANCIA

UDINE NEGLI STATI VENETI

(Diocesi immed. soggetta alla S. Sede)

UMBRIA NEGLI STATI DELLA CHIESA

VALENZA IN SPAGNA

WESZPRIM NELL'UNGHERIA

(Provincia eccles. di Strigonia)

WLADISLAVIA IN POLONIA

(Provincia eccles. di Varsavia)

AFRICA

ABISSINIA – VICARIATO APOSTOLICO

MESSICO

SANDWICH NEL CANADÀ

(Provincia eccles. di Québec)

SANTA MARTA NELLA NUOVA GRANATA

(Provincia eccles. di S. Fè di Bogota)

SAN PIETRO NEL RIO-GRANDE DEL SUD

(Provincia eccles. di Baia nel Brasile)

ASIA
—

CINA

COCINCINA OCCIDENTALE NELL'IMPERO ANNAMITE

(Vicariato Apostolico)

PE-KIN MERIDIONALE-ORIENTALE IN CINA

(Vicariato Apostolico)

PE-KIN SETTENTRIONALE IN CINA

(Vicariato Apostolico)

SIAM OCCIDENTALE NELLA PENISOLA DI MALACCA O MAYALAN

(Vicariato Apostolico)

TONCHINO MERIDIONALE NELL'IMPERO ANNAMITE

(Vicariato Apostolico)

TONCHINO ORIENTALE NELL'IMPERO ANNAMITE

(Vicariato Apostolico)

Append. gen. II.   33

INDICE SECONDO

NEL QUALE SONO DISPOSTE PER ORDINE ALFABETICO LE SEDI,
DE' CUI PRELATI SI RECANO LE LETTERE IN QUESTA AGGIUNTA.

———

N. B. *Ogni qualvolta dello stesso Prelato si recano due o più Lettere di séguito, di esse si nota solamente la prima. Per concerno quando la stessa Lettera è sottoscritta da più Prelati, la pagina, ove quella è posta, si ripete per le singole Sedi de' Prelati strasi. — Dovunque non si specifica altro titolo del Prelato, s'intende quel di Vescovo.*

A

B

C

IMPRIMATUR.

Fr. Hieronymus Gigli O. P. Sac. Pal. Apost. Magister.

IMPRIMATUR.

Fr. Antonius Ligi-Bussi O. M. C. Archiep. Iconien.
Vicesgerens.